BUDDHA

DIE SEELE ASIENS

Dank

Bei der Erstellung dieses Bildbandes bekam ich zahlreiche wichtige Hinweise und Unterstützung von Dr. Dorothea Schäfer, Dr. Bruno Richtsfeld und Dr. Wolfgang Stein vom Staatlichen Museum für Völkerkunde in München, der Langen Foundation, Prof. Dr. Peter Thiele, Ingola Lammers, Hans-Henning Mey, Dr. Klaus-Josef Notz und Lotfi Abdallah, denen hier sehr herzlicher Dank gesagt werden soll. Ganz besondere Anerkennung gebührt Claus Hilschmann, Friedrich Naab und Thomas Holzner von THEMA media, München, in deren Händen die Bildauswahl, Bildbeschaffung und das Layout lagen.

Umsetzung: THEMA media GmbH, München
Gesamtherstellung:
Fackelträger Verlag GmbH, Köln

ISBN 3-7716-4330-9

www.fackeltraeger-verlag.de

BUDDHA

DIE SEELE ASIENS

Martina Darga

Zu den Abbildungen

Schutzumschlag
Vorderseite: Buddha in der Shwedagon Pagode in Yangon (Rangun), Myanmar (Gettyimages).
Rückseite: Manjushri, Silberstatue des 10. Jahrhunderts n. Chr., Museum Nasional, Jakarta (oben). Buddha Shakyamuni in Begleitung des Vajrapani, Schieferrelief des 1. Jahrhunderts n. Chr., Museum für Indische Kunst, Berlin (Eberhard Thiem).

Seite 1: *In der frühen Phase der Kunst wurde der Buddha Shakyamuni nur symbolisch dargestellt. Eines dieser Symbole sind die Fußabdrücke des Buddha, die darauf hinweisen, dass der Erleuchtete die Lehre (dharma) in die Welt gebracht hat. Kloster der Fünf Pagoden, Peking, China*

Seite 3: *Das von zwei Gazellen flankierte Rad der Lehre erinnert an die erste Predigt des Buddha Shakyamuni im Gazellenpark in Sarnath. Hier legte der Buddha die Vier Edlen Wahrheiten vom Leiden und den Edlen Achtfachen Pfad dar.*
Sera-Kloster, Lhasa, Tibet

Seite 4/5: *Der Ananda (rechts) und der Shwegugyi (links) sind in morgendliches Licht getaucht. Pagan, Myanmar*

Seite 6/7: *Die Yungang-Grotten aus dem 5. Jahrhundert n. Chr. zählen zu den bedeutendsten buddhistischen Stätten Chinas. In der Klosteranlage befinden sich 51 000 Statuen und Reliefs des Mahayana-Buddhismus, von denen die beiden Buddhastatuen ein Beispiel geben.*

Inhalt

Vorwort

Das Buch, das eine klare und leicht verständliche Einführung in die unterschiedlichsten Aspekte des Buddhismus bietet, präsentiert am Anfang auf mehr als zwanzig Seiten eine optische Einstimmung durch zum Teil ganzseitige und doppelseitige Abbildungen von Tempeln, Pagoden und Buddha-Figuren in verschiedenen Haltungen. Das Prinzip, auch den Text der Autorin in ähnlicher Weise optisch zu ergänzen, wird durch das ganze Buch in einer Weise durchgehalten, wie man sie bisher in dieser Qualität kaum gekannt hat. So wird zum Beispiel der Lebenslauf des historischen Buddha Shakyamuni mithilfe zahlreicher Aufnahmen von Gandhara-Reliefs und das Aufblühen seiner Gemeinde durch solche vom Borobudur in Java aus der Zeit um 800 n. Chr. illustriert.

Die Erweiterung der ursprünglich auf die Erlösung des Individuums ausgerichteten Lehren des Buddhismus auf Gruppen oder Gemeinden von Gläubigen im sog. Mahayana, dem „Großen Fahrzeug", besonders nach dem 4. Jahrhundert, schafft Buddha-Gestalten der Vergangenheit wie Dipamkara, aber auch solche der Zukunft wie Maitreya. Transzendente Buddhas als Inkarnationen unterschiedlicher Aktivitäten oder mit kosmisch orientierten Vorstellungen verbunden werden als Herrscher von Paradieswelten verehrt, in denen der Gläubige wiedergeboren werden will. Solche dem breiten Volk zugänglichen Vorstellungen führen zu einer Ausweitung der buddhistischen Religion von Indien nach Südost- und Ostasien sowie nach Tibet. Seit dem 3. Jahrhundert entwickeln sich verschiedene Glaubensrichtungen, in denen Barmherzigkeit und Mystik, aber auch reguliertes Ritual mit der Schöpfung von repräsentativer Architektur oder der Gestaltung von Figuren als religiösem Akt eine wichtige Rolle spielen. In Indien entstehen in diesem Zusammenhang während des 6. und 7. Jahrhunderts die aus fürstlichen Grabbeigaben entwickelten mächtigen Stupas als architektonische Reliquienbehälter, Höhlentempel mit szenischen Reliefs, aber auch als Ikonen fungierende Einzelfiguren mit ikonografisch festgelegten Haltungen und Gesten. Die Stilrichtungen buddhistischer Kunst in Indien lassen hellenistische Einflüsse, aber auch solche einheimischer hinduistischer Traditionen erkennen.

Im Anschluss an den auf Indien konzentrierten Teil widmet sich das Buch der Ausbreitung des Buddhismus über weite Bereiche Asiens. Im Süden breitet er sich in Myanmar (Burma) und Thailand mit eigenen künstlerischen Traditionen aus, ebenso in Kambodscha mit dem Höhepunkt der Tempelanlagen von Angkor und in Java, wo er bis heute in dem gewaltigen Tempelkomplex des Borobudur gegenwärtig ist.

Entlang der Seidenstraße präsentiert er sich ebenfalls heute noch in den Höhlentempelanlagen von Dunhuang und in der leider vor kurzem erst empfindlich beschädigten monumentalen Felsskulptur von Bamiyan. In China breitet sich die Religion zwischen dem 4. und 6. Jahrhundert aus und erreicht unter der Tang-Dynastie nach dem 7. Jahrhundert ihre Blüte auch in weiten Volksschichten neben dem Daoismus und Konfuzianismus. Auch hier dokumentieren die großen farbigen Abbildungen die Kraft und Qualität der religiösen Kunst. Später entwickelt sich der Buddhismus immer mehr zur Volksreligion.

Auch in Korea erreicht der sich seit dem 6. Jahrhundert ausbreitende Buddhismus seine kulturelle und künstlerische Blüte unter der Koryo-Dynastie zwischen dem 10. und 14. Jahrhundert. Japan übernimmt die Religion aus Korea und China, es entwickeln sich weiträumige Tempelanlagen und die teils mystisch, teils rituell geprägte Plastik und Malerei erreicht ihre Blütezeit während der Heian-Periode zwischen dem 8. und 12. Jahrhundert.

In die Länder des Himalaya wandert der Buddhismus zunächst aus Indien ein, aber vor allem aus China. Die Richtung des Vajrayana, des „Diamantfahrzeugs", mit seiner Esoterik und seinem ausgeprägten Ritualwesen predigt die essentielle Ureinheit des Männlichen und Weiblichen, die sich u. a. in erotischen Szenen der Kunst spiegelt. Neben Nepal erreicht diese von Indien und Kaschmir mitgeprägte Richtung ihren Höhepunkt in Tibet mit komplexer Ikonografie und üppig inszenierten Ritualen.

Alle Textteile des Buches werden in der anfangs erwähnten Weise durch prächtige farbige Abbildungen ergänzt.

Prof. Dr. Roger Goepper

Gegenüber: *Der Naksan-Tempel in Naksan, Korea, wurde im Jahr 671 n. Chr. erbaut und 1953, nachdem er im Koreakrieg niedergebrannt war, wieder rekonstruiert. Berühmt wurde er für seine 15 Meter hohe Statue des Bodhisattva Avalokiteshvara, die aus dem Jahr 1977 stammt. Das Bild zeigt einen Mönch vor einem Altar im Tempel.*

Weil die Mönche Höhlen als geeignete Orte der Meditation betrachteten, errichteten sie fast überall in der buddhistischen Welt Felsentempel und schmückten diese mit Buddhaskulpturen und Wandmalereien. Buddhastatuen in den Pak Ou-Höhlen, Laos

Zahlreiche Statuen des Buddha Shakyamuni aus verschiedenen Zeiten schmücken die Höhle von Pindaya, Myanmar

Gegenüber: *Die Geste der Erdanrufung (bhumisparsha-mudra) symbolisiert den Sieg über die Leidenschaften und die Erleuchtung. Shinhung-Tempel, Korea*

In Japan ist die buddhistische Religion immer noch sehr lebendig. Die Hauptkultfigur auf dem Altar im Daisho-Tempel ist in der Geste der Schutzverheißung (abhaya-mudra) dargestellt und von Wächterfiguren eingerahmt. Die Mandorla stellt eine Durchbrucharbeit dar. Miyajima, Japan

Die rechte Hand der buddhistischen Kultfigur aus dem umfangreichen tibetischen Pantheon ist in der Geste der Schutzverheißung (abhaya-mudra) erhoben. Wie in Tibet üblich, so wurde auch diese Figur mit Khataks, den Tüchern zur rituellen Begrüßung, versehen. Gyantse, Tibet

Gegenüber: *Fokuanshan, der „Buddhalichtberg" im Südwesten der Insel, ist das Zentrum für buddhistische Studien in Taiwan. Der Komplex umfasst mehrere Tempel, Meditationshallen, Pagoden, Pavillons und Bibliotheken und ist mit verschiedenen Großskulpturen und unzähligen kleinen buddhistischen Bildnissen versehen.*

Da das heutige Nepal das Geburtsland des historisch fassbaren Buddha ist, pilgern viele fromme Buddhisten zu heiligen Stätten wie Bodhnath, wo sich ein großer Stupa befindet und diese Buddhafigur herstammt.

Der Buddha sitzt auf dem Lotosthron, der seine göttliche Herkunft andeutet, da der Lotos das aus sich selbst Seiende (svayambhu) symbolisiert. Mit beiden Händen führt der Buddha die Geste der Salbung (abhisheka-mudra) aus. Diese Geste wird nur im esoterischen Buddhismus verwendet, und zwar während der Salbungszeremonie bei der Aufnahme eines Novizen. Peking, China

Der Maha Raja Vihara, ein Höhlentempel beim Dorf Bambulla in Sri Lanka, umfasst fünf Grotten, die mit Wandmalereien versehen und mit zahlreichen Buddhastatuen bestückt sind. Der Buddha Shakyamuni sitzt in Versenkung, seine Hände nehmen die Meditationsgeste (dhyana-mudra) ein.

Der Buddhakopf stammt aus dem Wat Pho-Tempel in Bangkok, Thailand. 1789 begann der Bau dieser Tempelanlage, die eine der ältesten und größten der Stadt ist.

In der Region Gandhara, die heute zu Pakistan und Afghanistan gehört, entstanden im 1. Jahrhundert n. Chr. erste anthropomorphe Buddhabildnisse. Das faltenreiche, beide Schultern bedeckende Gewand des Buddha Shakyamuni aus dem 2. Jahrhundert n. Chr. ist ein typisches Kennzeichen für die Gandhara-Kunst. Neu-Delhi, National Museum, Indien

In der linken Hand hält der Buddha eine Schale, vermutlich eine Almosenschale. Seit jeher gehört die Almosenschale zu den wenigen Besitztümern buddhistischer Mönche. Im Laufe der Zeit entwickelte sie sich zu einem Symbol für den Dharma. Bronze vergoldet, 7./8. Jahrhundert n. Chr., Jakarta, Museum Nasional

Folgende Doppelseiten:

Zahlreiche Tempel und Heiligtümer umgeben den großen Stupa Shwedagon in Yangon (Rangun), Myanmar, der im 14. Jahrhundert erbaut und seither mehrfach erweitert wurde. (Seite 22/23)

Etliche Stupas zieren den Wat Pho-Tempel in Bangkok, Thailand. Sie erinnern die Gläubigen an den Eintritt des Buddha Shakyamuni in das Parinirvana und führen ihnen den eigenen Weg zur Erlösung vor Augen. (Seite 24/25)

Eine Kapelle des Stupa Swayambhunath im Kathmandu-Tal, Nepal. Der Stupa wurde im 5. Jahrhundert errichtet und in der Folgezeit mehrfach wieder aufgebaut bzw. instand gesetzt.

Gegenüber: *Mitfühlend blicken die Augen des Buddha vom Swayambhunath über das ganze Tal und begleiten auch die Gläubigen auf ihrem Pilgergang um den Stupa. Kathmandu-Tal, Nepal*

Kapitel 1

Der Buddha und die Buddhas

Die für alle Buddhisten verbindliche heilige Schrift ist der Pali-Kanon, der im 1. Jahrhundert v. Chr. in Sri Lanka schriftlich niedergelegt wurde und bis heute vollständig überliefert ist. Der reich verzierte Druckstock aus Bhutan weist im unteren Teil einen Ausschnitt aus einem heiligen Text auf.

Gegenüber: *Das Schieferrelief des 1. Jahrhunderts n. Chr. aus Gandhara stellt den Buddha Shakyamuni in Begleitung des Vajrapani dar. Mit einem Fliegenwedel vertreibt Vajrapani die um den Buddha herumschwirrenden Insekten. In seiner linken Hand hält er den Donnerkeil (vajra), der ihm als Waffe zur Abwehr von Dämonen und Feinden dient. Während der Haarknoten (ushnisha), die Weisheitslocke zwischen den Augenbrauen (urna) und der Kopfnimbus typische Merkmale des Buddha sind, entspricht der Schnurrbart einer Mode der damaligen Zeit. Berlin, Museum für Indische Kunst*

„So gibt es auch, ihr Mönche, nur wenige Wesen, die die Lehre hören und bewahren, und viel mehr, die die Lehre hören, aber nicht bewahren – So gibt es auch, ihr Mönche, nur wenige Wesen, die die Lehre bewahren und ihren Sinn erforschen, und viel mehr, die die Lehre bewahren, aber nicht ihren Sinn erforschen – So gibt es auch, ihr Mönche, nur wenige Wesen, die den Sinn verstehen und die Lehre verstehen und nach der Lehre wandeln, und viel mehr, die wohl den Sinn verstehen und die Lehre verstehen, aber nicht nach der Lehre wandeln – (...)

So gibt es auch, ihr Mönche, nur wenige Wesen, die den Geschmack des Besten, den Geschmack der Lehre, den Geschmack der Erlösung erlangen, und viel mehr, die den Geschmack des Besten, den Geschmack der Lehre, den Geschmack der Erlösung nicht erlangen.

Darum, ihr Mönche, müßt ihr euch üben, indem ihr also denkt: ‚Den Geschmack des Besten, den Geschmack der Lehre, den Geschmack der Erlösung wollen wir erlangen.' Also, ihr Jünger, so müßt ihr euch üben."

Der historische Buddha Siddhartha Gautama Shakyamuni

Ein Erleuchteter auf der Erde

Oben: *Da an einer Lotosblüte keinerlei Schlamm haften bleibt, steht sie für die Reinheit des wahren Wesens des Menschen. In der Ikonografie ist diese Blume auch ein Thronsitz des Buddha.*

Es wird erzählt, dass einst ein Reisender dem Siddhartha Gautama Shakyamuni begegnete. Tief beeindruckt von dessen innerem Frieden fragte er ihn: „Bist du ein Gott?" „Nein," antwortete der Buddha, „ich bin kein Gott." „Bist du ein geistiges Wesen?" „Nein, ich bin kein geistiges Wesen." „Bist du ein Mensch?" „Nein, ich bin kein Mensch." „Nun, was bist du dann?" „Ich bin ein Erwachter."

Ein Buddha ist ein zur wahren Natur alles Seienden, zur höchsten Wahrheit und Wirklichkeit Erwachter und daher frei von Leiden. Der Buddha unserer Weltperiode heißt Siddhartha Gautama Shakyamuni. Nachdem Siddhartha in früheren

Die 547 Jatakas, die „Geburtsgeschichten", berichten von den früheren Leben des historisch fassbaren Buddha und waren in der buddhistischen Malerei und Plastik lange Zeit ein sehr beliebtes Thema. Einige Episoden aus diesen Erzählungen werden auf diesem Turm bildlich dargestellt.
Shwedagon, Yangon, Myanmar

Gegenüber: *Sein vorletztes Leben verbrachte Siddhartha im Tushita-Himmel, wo er die Götter belehrte, weshalb er auf diesem Relief mit der Geste der Darlegung der Lehre erscheint. Kurz bevor Siddhartha auf die Erde herabsteigen wollte, versicherte er den Göttern, dass sie künftig die Lehre von Maitreya empfangen würden. Der Ausschnitt stammt von einem Relieffragment eines Stupa des 3./4. Jahrhunderts aus der Region von Amaravati.*
Kalkutta, Indisches Museum

„*Das Leiden nicht erkennen, und den Ursprung des Leidens nicht erkennen, und die Aufhebung des Leidens nicht erkennen, und den Weg zur Aufhebung des Leidens nicht erkennen: das wird Nichtwissen genannt.*"

Die Sibi-Jataka erzählt, dass König Sibi, eine frühere Inkarnation des Buddha Shakyamuni einst ein Schwein vor dem Angriff eines Falken rettete. Da kam der Falke zum König und forderte seine Beute. Denn diese, so sagte er, würde ihm rechtmäßig zustehen, da er zum Überleben frisches Fleisch benötige. Um sowohl dem Schwein als auch dem Adler gerecht zu werden, schnitt der gütige König ein Stück Fleisch aus seinem eigenen Leib und gab es dem Adler zu fressen. Dieses selbstlose Opfer bewegte das Schwein und den Adler, die in Wirklichkeit die Götter Agni und Indra waren, ihre wahre Gestalt zu enthüllen. Die Wunden des Königs heilten schnell und seine Tugendhaftigkeit war von nun an in aller Munde. Eine Wandmalerei in der Höhle Nr. 1 von Ajanta, Indien, stellt diese Vorgeburtsgeschichte dar. Der Bildausschnitt zeigt einen Prinzen und eine Prinzessin, die König Sibi voller Mitgefühl anblicken.

Gegenüber: *Maya empfing den Siddhartha auf wundersame Weise in Gestalt eines weißen Elefanten. Einer Überlieferung zufolge träumte sie von diesem Ereignis und erzählte ihrem Mann den Traum, woraufhin dieser den Weisen Asita um eine Deutung bat. Asita prophezeite, dass ihr Sohn entweder ein großer Herrscher oder ein Buddha werden würde. Im Mittelpunkt des Schieferreliefs ist die Empfängnis dargestellt, links davon die Traumdeutung. Gandhara, 2./3. Jahrhundert n. Chr., Berlin, Museum für Indische Kunst*

Leben während mehrerer Äonen Verdienste erworben hatte, war er ein Bodhisattva geworden, ein zur Erleuchtung bestimmtes Wesen. Sein vorletztes Dasein verbrachte Siddhartha im Tushita-Himmel, jenem Himmel, in dem alle Buddhas leben, die auf ihre Wiedergeburt unter den Menschen warten. Von dort aus kam er auf die Erde, wo er durch die vollständige Erleuchtung zum Buddha wurde, als solcher den Menschen die buddhistische Lehre verkündete und schließlich sein letztes Leben beendete. Mit seinem Tod und Eintritt in das Parinirvana, in den seligen Zustand des völligen Verlöschens, waren für den Buddha der Kreislauf von Geburt, Tod und Wiedergeburt (*samsara*) und das Leiden für immer abgeschlossen. Von diesem Zeitpunkt an zählt der Buddha Shakyamuni zu den Buddhas der Vergangenheit.

Siddhartha Gautama Shakyamuni ist eine historische Person. Wichtige Schriften, die Auskunft über sein Leben und Wirken in unserer Welt geben, sind der Pali-Kanon (schriftlich kodifiziert im 1. Jahrhundert v. Chr.), das *Mahavastu* (2. Jahrhundert v. Chr. bis 4. Jahrhundert n. Chr.), der *Lalitavistara* (1.–4. Jahrhundert n. Chr.) und die *Nidanakatha* (5. Jahrhundert n. Chr.). Die Jataka-Erzählungen befassen sich mit den früheren Leben des Buddha. Der etwa 60 000 Seiten umfassende Pali-Kanon, die älteste komplett überlieferte Textsammlung des frühen Theravada-Buddhismus, wurde in Sri Lanka aufgezeichnet. Er ist in die so genannten drei Körbe (*tripitaka*) gegliedert, denn seine auf getrocknete Palmblätter geschriebenen Texte wurden, nach Themen geordnet, in Körben aufbewahrt. Der erste Korb umfasst die Regeln der Ordensdisziplin sowie historisches Material zum Buddha (*vinaya*), der zweite die Lehrreden (*sutra*) des Buddha und der dritte die systematisierte und scholastisch weiterentwickelte Lehre (*abhidharma*).

Alle oben genannten Schriftquellen wurden erst etliche Jahrhunderte nach dem Tod des Buddha aufgezeichnet. Während der langen Zeitspanne mündlicher Überlieferungen verschmolzen auf natürliche Weise historische Begebenheiten mit legendären Erzählungen und verschiedenartigen Interpretationen. Insofern können die vorliegenden Lebensbeschreibungen des Buddha nicht als vollständig historisch verifizierbare Biografien verstanden werden. Vielmehr bringen sie – neben geschichtlichen Ereignissen – ein Bild des Buddha zum Ausdruck, das beseelt ist von tiefen religiösen Gefühlen, von Frömmigkeit, Ehrfurcht und Verehrung. Eben dieses untrennbare Geflecht von Weltlichem und Heiligem, von Historie und spirituellen Erfahrungen spiegelt sich in der buddhistischen Kunst Asiens wider und erhält dort seine bildhafte Ausprägung.

Folgende Doppelseite: *Das Schieferrelief des 2./3. Jahrhunderts n. Chr. aus Gandhara zeigt die Geburt des Siddhartha. Der Knabe ist schmerzfrei aus Mayas Seite ausgetreten, die sich an einem Ast festhält. Indra nimmt das Baby entgegen, während der langlockige Brahma ganz links im Bild den künftigen Buddha anbetet. Neben Maya steht ihre Schwester, an deren Seite eine Geburtshelferin mit Wassergefäß und Fliegenwedel. Die vier weiteren Anwesenden sind Gottheiten und Götter, die zu diesem wundersamen Ereignis herbeigeeilt sind. Berlin, Museum für Indische Kunst*

Maya gebar ihren Sohn stehend, während sie sich an einem Ast festhielt. Sobald Siddhartha auf die Welt gekommen war, konnte er schon stehen und gehen. Aus jedem seiner Schritte soll ein Lotos hervorgesprossen sein. Wie eine Legende berichtet, erschienen die Naga-Könige Nanda und Upananda und badeten den Neugeborenen, indem sie warmes und kühles Wasser über ihn gossen. Nepalesische Stele aus dem 10./11. Jahrhundert n. Chr., Kathmandu, National Museum Art Gallery

Siddharthas Geburt

Die buddhistischen Überlieferungen sind sich darin einig, dass der Buddha das Alter von achtzig Jahren erreicht hat. In der Datierung seines Parinirvana oder seines Todes weichen sie jedoch voneinander ab. Gemeinhin werden die Jahre zwischen etwa 560–480 v. Chr. als die Lebenszeit des Buddha angenommen. Doch auf der Basis neuerer Forschungen setzen viele Historiker das Leben des Buddha erst über hundert Jahre später an.

Zu Siddharthas Zeit umfasste Indien die vier Königreiche Kosala, Magadha, Vamsa und Avanti sowie mehrere Republiken, von denen eine die Republik der Shakya mit der Hauptstadt Kapilavastu war. Darüber hinaus prägten verschiedene Stämme das politische Leben des Landes. Siddharthas Vater Suddhodana regierte als gewählter Raja die Shakya-Republik. Er stammte aus der wohlhabenden und angesehenen Familie der Gautama, die der hohen Kaste des Krieger- oder Dienstadels angehörte. Siddharthas Mutter Maya war Suddhodanas Hauptgattin, ihre jüngere Schwester Prajapati seine Zweitfrau.

Wie die Schriften berichten, empfing Maya ihr Kind – im Traum oder im Wachzustand – in einer Vollmondnacht während der Regenzeit. Es war eine wundersame Empfängnis. Denn in Gestalt eines kleinen weißen Elefanten stieg Siddhartha vom Himmel herab und trat in den Schoß seiner Mutter ein. Der weiße Elefant, das Reittier der Könige, war mit jenen sechs Stoßzähnen ausgestattet, die auf ein früheres Leben des künftigen Buddha hindeuten und außerdem die Kraft der Erkenntnis symbolisieren.

Als die Geburt nahte, begab sich Maya mit ihrem Gefolge nach Devadaha, um in ihrem Elternhaus zu entbinden. Doch schon während der Fahrt setzten die Wehen ein, und so brachte Maya ihren Jungen in einem Hain nahe dem Dorf Lumbini im

Etwa acht Jahre nachdem Siddhartha sein Haus verlassen hatte, besuchte er seine Heimatstadt und das Haus seines Vaters. Die Wandmalerei in Ajanta, Indien, nimmt auf dieses Ereignis Bezug und zeigt den Buddha vor seiner Frau Yashodhara und seinem Sohn Rahula. Yashodhara hat prächtigen Schmuck angelegt, da sie ihren Mann zum Bleiben bewegen möchte. In Rahulas Gesicht steht die große Verehrung geschrieben, die er seinem Vater entgegenbringt. Um die Bedeutung des Buddha hervorzuheben, bildete ihn der Maler weitaus größer ab als die anderen Figuren. Wandmalerei in der Höhle Nr. 17, Ajanta, Indien

„Wie, ihr Mönche, eine Wasserrose (...) im Wasser geboren, im Wasser erwachsen, über das Wasser sich erhebt, vom Wasser unbenetzt: ebenso, ihr Mönche, steht der Vollendete da, in der Welt erwachsen, die Welt überwindend, von der Welt unbefleckt."

Bodhisattvas sind das Ideal des Mahayana-Buddhismus. Sie verzichten auf ihren eigenen Eintritt in das Nirvana, bis alle anderen Wesen erlöst sind. Der stehende Bodhisattva ist wie ein Prinz geschmückt, weist aber gleichzeitig die Weisheitslocke zwischen den Brauen als ein typisches Merkmal eines (künftigen) Buddha auf. Aufgrund der abgebrochenen Hände kann die Identität des Bodhisattva nicht genau bestimmt werden, aber vermutlich handelt es sich um den künftigen Buddha Maitreya. Gandhara, 2./3. Jahrhundert n. Chr., Berlin, Museum für Indische Kunst

heutigen Nepal zur Welt. Buddhistische Kunstwerke zeigen, wie Maya aufrecht unter einem Baum steht, sich an einem Ast festhält und das Neugeborene aus ihrer rechten Taille heraustritt, ohne der Mutter Schmerzen zuzufügen.

Um Siddharthas Geburt ranken sich zahlreiche Legenden, die alle darauf hinweisen, dass ein spirituell hoch entwickeltes Wesen auf die Erde gekommen ist. So heißt es etwa, die vedischen Götter Brahma und Indra hätten den Jungen ehrfürchtig begrüßt und ihn feierlich mit Wasser übergossen. Danach habe das Kind jeweils sieben Schritte in die vier Himmelsrichtungen getan, seine innere Größe zum Ausdruck gebracht und verkündet, dass diese Geburt seine letzte gewesen sei. Aus jedem seiner Schritte soll ein Lotos entsprossen sein, jene Blume, die symbolisch für geistige Reinheit und spirituelle Vollkommenheit steht.

Als Maya nach Kapilavastu zurückgekehrt war, ließ Suddhodana der Tradition gemäß für seinen Sohn ein Horoskop erstellen und die Namensgebung vornehmen. Zunächst beschaute Asita, der betagte ehrwürdige Einsiedler und ehemalige Hauspriester der Gautamas, das Baby. Sogleich erkannte er an ihm die 32 Merkmale eines „großen Mannes", zu denen auch eine Erhöhung auf dem Scheitel und eine Haarlocke zwischen den Augenbrauen gehören. Asita prophezeite, dass dieser

Knabe dereinst die Buddhaschaft erreichen und das Rad der Lehre in Gang setzen würde. Zwei Tage später nahmen Brahmanen die Zeremonie der Namensgebung vor. Auch sie sagten dem Knaben eine großartige Zukunft voraus, die sich entweder auf religiösem oder auf politischem Gebiet äußern würde. Das Kind erhielt den Namen Siddhartha, „der das Ziel erreicht hat". Sein Familienname war Gautama, und er wurde auch Shakyamuni genannt, „der Weise aus dem Geschlecht der Shakya".

Kindheit und Jugend

Sieben Tage nach der Geburt ihres Sohnes starb Maya und wurde, wie die Überlieferung sagt, im

In der Nacht der Geburt seines Sohnes Rahula ließ Siddhartha sein Pferd Kanthaka satteln, um Haus und Hof zu verlassen und als Wandermönch zu leben. Er sitzt auf dem Bett seiner schlafenden Frau, während der Stallmeister ihm das Pferd bringt. Graues Schieferrelief aus Gandhara. Paris, Musée Guimet

Himmel der Dreiunddreißig Götter wiedergeboren. Der kleine Siddhartha kam in die Obhut seiner Tante Prajapati, der zweiten Frau Suddhodanas, die kurz nach Siddharthas Geburt selbst einen Jungen zur Welt gebracht hatte. Umsorgt und unbeschwert wuchs Siddhartha mit seinem Halbbruder Nanda auf und wurde standesgemäß erzogen. An materiellen Gütern mangelte es ihm nicht, und zum Erwachsenen herangereift, erbaute er sich an den höfischen Vergnügungen und genoss den Liebreiz der Sängerinnen und Tänzerinnen. In beruflicher Hinsicht stand Siddhartha vermutlich seinem Vater bei den Regierungsgeschäften zur Seite. Mit sechzehn Jahren heiratete er die gleichaltrige Bhaddakaccana, die Nichte seiner verstorbenen Mutter, die in den alten Texten auch Bimbadevi, Yashodhara oder Gopa genannt wird. Wie es die Tradition wollte, war die Ehe arrangiert worden. Aber das Paar scheint sich gut verstanden zu haben. Nach langen dreizehn Jahren wurde Siddhartha und Bhaddakaccana ihr Sohn Rahula geboren.

Für den jungen Siddhartha war es charakteristisch, dass sich in ihm schon früh ein ausgeprägter Sinn für Kontemplation regte. Es wird erzählt, dass Siddhartha eines Tages seinen Vater zum Pflügerfest auf ein Reisfeld begleitete. Nachdem er sich unter einem Rosenapfelbaum niedergelassen hatte, erlebte er seine erste Versenkung. Ohne sein absichtliches Zutun wurde er spontan von innerem Frieden und Wunschlosigkeit ergriffen. Diese Erfahrung wurde für sein weiteres Leben bestimmend, denn eines Tages sollte sie ihm den Weg zur Erleuchtung weisen.

In religiöser Hinsicht war das 6. Jahrhundert v. Chr. eine bewegte Periode des geistigen Umbruchs und der Suche nach spiritueller Neuorientierung. Viele, insbesondere junge Menschen wandten sich von der traditionellen vedischen Religion und ihren Opferbräuchen ab. Sie engagierten sich bei philosophischen Disputationen und gingen in die Hauslosigkeit, denn damals galt es durchaus als Heil versprechend, einige Jahre als Wanderasket zu verbringen. So nahmen die umherziehenden Hauslosen schnell an der Zahl zu und gewannen schließlich neben den Brahmanen im religiösen Leben große Bedeutung. Vermutlich kam auch Siddhartha auf die eine oder andere Weise mit dieser Reformbewegung in Kontakt, sei es im Rahmen religiöser Debatten oder bei Begegnungen mit Wanderasketen.

Das legendäre Schlüsselereignis jedoch, das Siddhartha zu einem einschneidenden Lebenswandel bewegte, waren vier Ausfahrten außerhalb des Palastes. Auf der ersten Ausfahrt begegnete er einem alten Menschen, auf der zweiten einem Kranken und auf der dritten einem Toten. Die Eindrücke der

Nachdem Siddhartha Haus und Hof verlassen hatte, um Wandermönch zu werden, übergab er Channa, dem Stallmeister, die Attribute seines bisherigen adligen Lebens und schor sich den Kopf. Ausschnitt aus einer Wandmalerei, Thailand

„Zweierlei Suchen gibt es, ihr Mönche: edles Suchen und unedles Suchen.

„Und was ist unedles Suchen, ihr Mönche?

„Da sucht, ihr Mönche, Jemand, der selbst der Geburt untertan ist, nach dem, das gleichfalls der Geburt untertan ist. Jemand, der selbst dem Alter untertan ist, sucht nach dem, das gleichfalls dem Alter untertan ist. Jemand, der selbst der Krankheit ... dem Tod ... den Schmerzen ... der Verderbtheit untertan ist, sucht nach dem, das gleichfalls der Verderbtheit untertan ist. (...) Dies, ihr Mönche, ist unedles Suchen."

„Und was ist edles Suchen, ihr Mönche?

„Da erkennt, ihr Mönche, Jemand, der selbst der Geburt untertan ist, das Elend, das dem Gesetz der Geburt innewohnt, und er sucht nach dem von Geburt freien höchsten Gewinn und Wohlsein, dem Nirvana. Jemand, der selbst dem Alter untertan ist ... der Krankheit ... dem Tode ... den Schmerzen ... der Verderbtheit untertan ist, erkennt das Elend, das dem Gesetz der Verderbtheit innewohnt, und sucht nach dem von Verderbtheit freien höchsten Gewinn und Wohlsein, dem Nirvana. Dies, ihr Mönche, ist edles Suchen."

Gegenüber: *Beseelt von der Suche nach Erlösung aus dem Kreislauf von Geburt, Tod und Wiedergeburt lebte Siddhartha sechs Jahre lang als strenger Asket und magerte bis auf das Skelett ab. Doch welcher Selbstkasteiung er sich auch unterzog, sein Ziel erreichte er dadurch nicht. Die Zeit der Askese fingen Künstler aus Gandhara im 2./3. Jahrhundert n. Chr. in dem von Anstrengungen gezeichneten Schieferkopf ein. Berlin, Museum für Indische Kunst*

Gebrechlichkeit, des Leidens und des Vergehens erschütterten den jungen Mann tief, denn unversehens erkannte er, wie flüchtig alles weltliche Glück war. Er verstand, dass auch hinter seinem eigenen Glück Leiden verborgen war und auf ihn zukommen würde. Während der vierten Ausfahrt schließlich traf Siddhartha auf einen Wanderasketen. Zwischen den beiden Männern entspann sich ein Gespräch, und der Wandermönch erzählte ihm, dass er sein Haus verlassen habe, um sich ganz dem religiösen Leben hinzugeben, einem Leben des Friedens und der Frömmigkeit. Diese vier Begegnungen waren der Auslöser dafür, dass Siddhartha seinen wohl schon länger gehegten Wunsch, in die Hauslosigkeit zu ziehen, in die Tat umsetzte. Als er in der Nacht der Geburt seines Sohnes Rahula den Palast verließ, war er 29 Jahre alt und tief beseelt von dem Bestreben, das Leiden und den Kreislauf der Wiedergeburten zu beenden.

Wanderschaft und Askese

Die Legende erzählt, dass Suddhodana alles daransetzte, Siddharthas Abkehr von der Welt zu verhindern. Doch auf wundersame Weise von Göttern geleitet, gelang es dem jungen Mann, heimlich und unbemerkt das bewachte Palastgelände zu verlassen. Nachdem er den Fluss Anoma überquert hatte, stieg er vom Pferd ab, schnitt sich mit dem

Sechs Jahre lang übte Siddhartha strengste Askese, weil er hoffte, dadurch die Erleuchtung zu erlangen. Fünf andere Asketen schlossen sich ihm an, da sie seine Größe erkannten. Der Ausschnitt aus einem Relief des Borobudur zeigt zwei seiner Asketenfreunde. 9. Jahrhundert n. Chr., Java, Indonesien

Gegenüber: *Mara, Personifikation der sinnlichen Verlockungen und der Hindernisse auf dem Weg zur Erleuchtung, bedrängt den meditierenden Siddhartha mit allen erdenklichen Mitteln. Als Siddhartha standhaft und gelassen bleibt, fragt ihn Mara, ob er überhaupt genügend Verdienste für eine künftige Erleuchtung angesammelt habe. Da streckt Siddhartha seine rechte Hand zur Erde und ruft die Erdgöttin als Zeugin an. Auf der linken Seite des Reliefs zeigt sich Mara noch kampfeslustig mit erhobenen Schwert. Auf der rechten Seite dagegen hat er das Schwert sinken lassen. Denn als die Erdgöttin Siddharthas Verdienste bezeugte, wusste Mara, dass er verloren hatte. Gandhara, 3. Jahrhundert n. Chr., Berlin, Museum für Indische Kunst*

Schwert die langen Haare ab und übergab dann seinem Stallmeister Channa die Attribute seines bisherigen fürstlichen Lebens: sein geliebtes Pferd, die Kleidung, den Schmuck und das Schwert. Der nun Hauslose erbettelte einige Lumpen, um sich darin zu kleiden, oder erhielt einer anderen Überlieferung zufolge die wenigen Besitztümer eines Wanderasketen vom Gott Indra. Für alle Wanderasketen galt das Gebot der Armut. Sie erbettelten ihre Nahrung und durften nur acht Gegenstände ihr Eigen nennen: drei Roben, eine Almosenschale, ein Rasiermesser, eine Nadel, einen Gürtel und ein Wassersieb.

Ein Jahr lang zog Siddhartha als Wanderasket umher, dann schloss er sich zwei Lehrern an. Zunächst suchte der Dreißigjährige im Königreich Magadha, dem heutigen südlichen Bihar, den Yoga- und Meditationsmeister Arada Kalama auf. Als er jedoch erkannte, dass dessen Weg ihn nicht zum Nirvana führte, verließ er seinen Lehrer und wurde Schüler von Udraka Ramaputra. Doch auch die Meditationsmethode dieses Meisters half Siddhartha nicht, sein höchstes Ziel zu verwirklichen. So trennte sich der Suchende von Udraka Ramaputra und schlug den Weg strenger Askese ein.

Die damaligen Asketen lebten alleine oder mit wenigen Gleichgesinnten in den Wäldern und übten sich vom Fasten bis hin zur Verstümmelung des Körpers in allen nur erdenklichen Methoden der Selbstkasteiung in der Überzeugung, dass sie dadurch die zur Erlösung notwendige innere Kraft freisetzen könnten. Siddhartha versuchte ebenfalls, Meister über seinen Geist zu werden, praktizierte ein möglichst langes Anhalten des Atems und eine rigorose Hungeraskese. Seine rein pflanzliche Nahrung sammelte oder erbettelte er. Er nahm so wenig zu sich, dass er bis auf die Knochen abmagerte. Von der brennenden Sehnsucht nach Befreiung getrieben, soll Siddhartha noch andere, teilweise sehr erschütternd anmutende Methoden der Selbstkasteiung verfolgt haben. Tief beeindruckt von Siddharthas konsequenter Suche, hatten sich dem zukünftigen Buddha fünf andere Asketen angeschlossen, die alle Söhne von Brahmanen waren. Sechs Jahre lebte Siddhartha auf diese Weise, doch sein Ziel verwirklichte er nicht. Da erkannte er, wie vergeblich selbst die strengste Askese war, und er sagte sich von ihr los. Eine bescheidene Mahlzeit – eine Schale Reis – und ein Bad im Fluss Nairanjana verhalfen ihm wieder zu Kräften. Als seine fünf Gefährten dies sahen, zogen sie sich, tief enttäuscht von ihrem großen Vorbild, in den Gazellenpark in Sarnath bei Benares zurück. Denn in ihren Augen war der Asket Siddhartha seinem geistlichen Streben untreu geworden und hatte sich wieder einem Leben im Überfluss zugewandt.

*„Des Heils Erlangung und des Herzens Frieden,
Über das Heer der Wonn' und Schönheit siegend,
Betracht' ich einsam, Seligkeit genießend."*

Gegenüber: *Mit der rechten Hand führt der Buddha die Geste der Wunschgewährung (varada-mudra) aus. Diese Handhaltung bringt sein Mitgefühl zum Ausdruck und versinnbildlicht das Schenken und das Empfangen. Wandmalerei aus Tibet*

Das Erwachen

Siddharthas Entschluss, die Askese zu beenden, wurde wohl auch gespeist von der Erinnerung an jenes jugendliche Versenkungserlebnis unter dem Rosenapfelbaum und von den Meditationserfahrungen bei seinen früheren Lehrern. Die Meditation schien ihm nun die geeignete Methode, zur Wahrheit und Wirklichkeit zu erwachen. So begab er sich nach Urubilva, dem heutigen Bodh-Gaya, wo er sich der traditionellen Überlieferung zufolge unter einem Pappelfeigenbaum (*ficus religiosa*) niederließ und gelobte, diesen Platz nicht eher zu verlassen, als bis er die völlige Erkenntnis erlangt hatte.

Die Schriften und viele Kunstwerke bezeugen in schillernden Ausschmückungen, wie Siddhartha durch Mara auf eine harte Probe gestellt wurde. Mara, Herr über die Begierden und Verkörperung der Hindernisse auf dem Erlösungsweg, bedrängte Siddhartha mit seinem Dämonenheer, schickte ihm Naturkatastrophen und Finsternis. Doch als Siddhartha völlig unbewegt blieb und sich nicht schrecken ließ, versuchte Mara, in ihm Zweifel zu wecken, und fragte ihn, ob er denn überhaupt genügend verdienstvolle Taten für die Erleuchtung angesammelt habe. Siddhartha bejahte das. Er senkte seine rechte Hand in die Richtung des Bodens, als plötzlich die Erde aufbrach und die Erd-

Zwischen vier Schülern sitzt der Buddha in der Meditationshaltung mit der Geste des Ingangsetzens des Rads der Lehre (dharmachakra-mudra), die auf seine erste Predigt im Gazellenpark von Sarnath hindeutet. Dem Stil der Kunstschule von Mathura entsprechend ist das Gewand nur mit wenigen Falten versehen und bedeckt die rechte Schulter nicht. Relief aus dem 3. Jahrhundert n. Chr., Indien

In Bodh-Gaya erlangte Siddhartha, der Überlieferung zufolge unter einem Pappelfeigenbaum, die Erleuchtung. An dem Ort des Erwachens entstand im 6. Jahrhundert n. Chr. der Mahabodhi-Tempel, der im Laufe der Jahrhunderte mehrfach restauriert wurde. Bodh-Gaya, Lumbini, Sarnath und Kushinagara sind die vier heiligen Stätten des Buddhismus. Denn der Buddha wurde in Lumbini geboren, hielt in Sarnath seine erste Lehrrede und trat in Kushinagara in das Parinirvana ein.

Kurz nach seiner Erleuchtung hielt der Buddha im Gazellenpark von Sarnath, unweit von Benares, fünf Asketen seine erste Lehrrede. Seit der Zeit Ashokas wurden hier Heiligtümer errichtet, von denen heute noch Ruinen zeugen. Den großen Dhamekh-Stupa schmückt ein mit Blumen dekoriertes Relief aus dem 6./7. Jahrhundert n. Chr.

Es heißt, dass sich das Herz wie eine Lotosblüte öffnet, wenn ein Mensch die buddhistischen Tugenden entwickelt.

„Und Erkenntnis ging mir auf und Schauen ging mir auf: unverlierbare Erlösung des Geistes ist mein; dies ist die letzte Geburt; nicht gibt es hinfort Wiedergeburt."

göttin selbst die Wahrheit seiner Worte bezeugte. Schließlich bot Mara die Verführungskünste seiner schönsten Töchter auf, aber Siddhartha widerstand auch diesen Verlockungen. Mara hatte verloren.

In der Nacht seiner Erleuchtung sammelte Siddhartha seinen Geist und richtete ihn nacheinander auf drei Themen, die es zu erkennen galt. Während der ersten Nachtwache – die Inder teilen die Nacht in drei „Wachen" ein – erlangte er ein umfassendes Wissen über seine früheren Leben in mehreren Weltzeitaltern. In der zweiten Nachtwache erkannte der Meditierende die Bedeutung von Geburt, Tod und Wiedergeburt aller Wesen. In der dritten Nachtwache schließlich drang Siddhartha zum Wissen um das Leiden durch. Er verstand, was das Leiden ist, worin es begründet liegt, dass es aufgelöst und auf welchem Weg es überwunden werden kann. Gleichzeitig wurde sich Siddhartha dessen bewusst, dass er nun über den Kreislauf der Wiedergeburten hinausgelangt war, und erlebte die Glückseligkeit der Befreiung. Der Tradition zufolge ereignete sich Siddharthas völliges Erwachen an seinem 35. Geburtstag in einer Vollmondnacht des Monats Vaishakha (April/Mai). Diese Vollmondnacht, in der Siddhartha zum Buddha wurde, gilt Buddhisten als der höchste Feiertag. Der Pappelfeigenbaum, unter dem Siddharthas Erwachen stattgefunden hatte, wurde später Bodhibaum, „Baum der Erleuchtung", genannt, und er ist der heilige Baum der Buddhisten.

Der Buddha als Lehrer und Ordensgründer

Der Buddha verweilte noch einige Wochen meditierend zunächst unter dem Pappelfeigenbaum und später dann wohl auch unter anderen Bäumen. Zutiefst war er mit dem Dharma verbunden, mit jener Wahrheit und Lehre, die es den Menschen ermöglicht, über das Leiden hinauszugelangen und in den seligen Zustand des Nirvana einzugehen. Bis er sich allerdings zur Verkündigung des Dharma entschloss, bedurfte es der Überlieferung nach erst der Bitte des Gottes Brahma. Zunächst suchte der Buddha den Gazellenpark auf, in dem seine einstigen fünf Gefährten weilten. Zu ihnen sprach der Erleuchtete über den mittleren Weg, nämlich den maßvollen Weg zwischen einem Leben, das den Sinnenfreuden hingegeben ist, und einem Leben in strenger Askese. Und er legte ihnen die Vier Edlen Wahrheiten dar, die er in der Nacht seiner Erleuchtung erkannt hatte.

Die „Edle Wahrheit vom Leiden" beruht auf der Erfahrung, dass alles Haften an Vergänglichem ein Leiden nach sich zieht. Der Grund für das Leiden liegt im menschlichen „Durst" oder „Begehren", im Wollen und Verlangen, wie die „Edle Wahrheit von der Leidensursache" besagt. Doch jedem Men-

Die stehende Figur weist die typischen Kennzeichen des Buddha Shakyamuni auf: den Haarknoten (ushnisha), die Haarlocke auf der Stirn (urna), die Häute zwischen den Fingern und die langen Ohrläppchen, die an jene Zeit erinnern, als der Sohn des Raja reichen Ohrschmuck trug. Mit seiner rechten Hand nimmt der Buddha die Geste der Schutzverheißung (abhaya-mudra) ein, mit seiner linken hält er einen Zipfel des Gewandes. Die Messingfigur wurde im 8. Jahrhundert n. Chr. in Kaschmir angefertigt. Berlin, Museum für Indische Kunst

Gegenüber: *Nachdem der Buddha Shakyamuni in das Parinirvana, das völlige Verlöschen, eingegangen ist, betrauern ihn seine Schüler und vermutlich einige Fürsten. Links vom Kopf des Buddha steht der Mönch Aniruddha. Er hält die Hand des vom Schmerz ergriffenen Ananda, eines Hauptschülers des Buddha. Schieferrelief des 3. Jahrhunderts n. Chr. aus Gandhara. Berlin, Museum für Indische Kunst*

schen wohnt die Kraft inne, diesen Durst zu erkennen und sich von ihm zu befreien. Dieses restlose Aufgeben des Begehrens ist die „Edle Wahrheit von der Überwindung des Leidens". Die „Edle Wahrheit vom Weg zur Überwindung des Leidens" beschreibt den „Edlen Achtfachen Pfad", der die rechte Anschauung umfasst, den rechten Entschluss, die rechte Rede, das rechte Handeln, die rechte Lebensführung, die rechte Anstrengung, die rechte Achtsamkeit und die rechte Sammlung.

Die erste Predigt des Buddha wird das „In-Bewegung-Setzen des Rades der Lehre" genannt. Seit der Buddha das Rad der Lehre andrehte, gelten die Vier Edlen Wahrheiten und der Edle Achtfache Pfad als Kernstücke der buddhistischen Lehre.

Von der Predigt des Buddha in der Tiefe zutiefst angerührt, erkannten die fünf Asketen die den Worten zugrunde liegende Wahrheit und baten den Erleuchteten um die Ordination. So entstand der buddhistische Mönchsorden, Sangha, der bis heute lebendig ist. Der Buddha begann nun, umherzuziehen und zu predigen. Seine Ausstrahlungskraft muss groß gewesen sein. Denn immer mehr Menschen schlossen sich dem Bettelorden an, nachdem sie die Lehre vernommen hatten. Auch Rahula, der Sohn des Buddha, wurde Mönch. Wie die Männer so verspürten auch Frauen das Bedürfnis nach einem spirituellen Leben. Doch als Prajapati ihren Ziehsohn um die Gründung eines Nonnenordens bat, lehnte der Buddha zunächst ab, gab dann aber nach der Vermittlung durch seinen Schüler Ananda ihrem Ansinnen nach, woraufhin sich Prajapati und 500 weitere Shakya-Frauen sogleich ordinieren ließen. Neben Mönchen und Nonnen bekannten sich auch zahlreiche Laien zu der neuen Religion, so auch der König Bimbisara von Magadha. Seine Konversion war für das Wachstum des Ordens nicht unerheblich, folgten doch viele Menschen dem Beispiel ihres Herrschers.

Insgesamt reiste der Erleuchtete 45 Jahre durch Nordindien. Er sah sich selbst nicht als einen Gott, sondern als einen völlig erwachten Menschen. Aus Barmherzigkeit und Mitgefühl zu seinen Mitmenschen verkündete er den Dharma, den schon die früheren Buddhas vergangener Äonen erkannt und vermittelt hatten. Dharma bedeutet wörtlich „das, was trägt", und ist gleichzeitig die „Lehre", das „Universelle Gesetz" und die „Wahrheit". Das Ziel der Lehre ist es, den Menschen den Weg zur Erlösung zu weisen, die der frühen buddhistischen Anschauung nach durch die Anstrengung des Einzelnen verwirklicht wird und weder von Glaube noch von Gnade abhängig ist. Da prinzipiell jeder Mensch die Möglichkeit der Erlösung in sich trägt, lehrte der Buddha alle Menschen, ungeachtet ihrer sozialen Stellung oder Kastenzugehörigkeit. Der

„Dem Wachenden die Nacht lang ist, Dem müden Wandrer lang der Weg. Lang sind des Daseins Irrpfade, Dem, der nicht schaut der Wahrheit Licht."

Der buddhistische Rosenkranz umfasst normalerweise 108 Perlen und ist seit der Gupta-Zeit ein Attribut des Bodhisattva Avalokiteshvara. Betet der Gläubige den Rosenkranz, so nimmt Avalokiteshvara die durch die Perlen symbolisierten 108 Leidenschaften auf sich. Elfenbein, China

Dharma ist die große Hinterlassenschaft des Buddha. Kurz vor dem Tod riet der Erleuchtete seinen Anhängern, den Dharma als Schutz und Zuflucht zu nehmen, sich selbst ein Licht zu sein und nicht Zuflucht bei anderen zu suchen. Der Dharma, die Lehre und Wahrheit, gilt im Buddhismus als die höchste und jedem Lehrer übergeordnete Autorität.

Eintritt in das Parinirvana

Mit achtzig Jahren war der Buddha ein Greis geworden. Eines Tages, nach einem Gastmahl beim Schmied Cunda, erkrankte er lebensbedrohlich an sehr schmerzhaftem Durchfall. Körperlich geschwächt, aber voll klarem Bewusstsein begab er sich in Begleitung zahlreicher Schüler nach Kushi-

Gegenüber: *Der Gyantse Kumbum aus dem 15. Jahrhundert birgt tausende Statuen des tibetischen Pantheons, von denen die Kultfigur ein Beispiel gibt. Tibet*

Die in Tibet „Tschörten" genannten Stupas haben zahlreiche symbolische Bedeutungen. So gelten sie etwa als Sinnbilder für die Entsprechung von Makro- und Mikrokosmos. Gleichermaßen werden die verschiedenen Teile, aus denen ein Stupa aufgebaut ist, den kosmischen Elementen sowie den menschlichen Energiezentren, den Chakras, zugeordnet. Der im 15. Jahrhundert erbaute Gyantse Kumbum ist der größte Stupa des Landes.

Gegenüber: *Die Buddhisten Myanmars fühlen sich dem Theravada verpflichtet, dessen Kunst den historischen Buddha in den Mittelpunkt rückt. Die Anhäufung zahlreicher Buddhastatuen in der Höhle von Pindaya offenbart die große Verehrung, die dem Erleuchteten bis heute entgegengebracht wird.*

In Nakhon Pathom, westlich von Bangkok, wurde vermutlich das erste thailändische Zentrum des Theravada-Buddhismus gegründet. Heute befindet sich dort eine Tempelanlage mit einer der größten Pagoden des Landes. Die Figur zeigt den Buddha Shakyamuni auf der Seite liegend. In der buddhistischen Ikonografie zeigt diese Position den Eintritt des Buddha in das Parinirvana an. Chedi Nakhon Pathom, Thailand

nagara und wies seinen Schüler Ananda an, ihm im Schatten der Bäume das Sterbelager zu bereiten. Der Buddha wusste, dass er sich von diesem Lager nicht mehr erheben würde. Seinen Schülern legte er ans Herz, sich nicht um die Bestattung seines Leichnams zu kümmern, denn das könnten auch andere Gläubige tun. Die Mönche dagegen sollten ihre ganze Kraft der eigenen Erlösung widmen. Ein letztes Mal gab er ihnen die Möglichkeit, Fragen an ihn zu richten. Als niemand den Mund auftat, sprach der Erwachte: „Wohlan, ihr Mönche, ich sage euch: der Vergänglichkeit untertan sind alle Gestaltungen. Laßt niemals nach in eurem Streben!"

Dann durchlebte der Buddha vier verschiedene Stufen der Versenkung und trat in das Parinirvana ein. 45 Jahre zuvor hatte er durch seine Erleuchtung den Zustand des Nirvana erreicht. Damals waren das Begehren, die Unwissenheit und der Hass in ihm verloschen, jene Kräfte, die einen Menschen an den Kreislauf der Wiedergeburten binden. Mit dem Eintritt in das Parinirvana, in das Verlöschen nach dem physischen Tod, war er über den Kreislauf von Geburt, Tod und Wiedergeburt hinausgelangt.

Sieben Tage lang dauerten die Totenklage und die Begräbnisriten, die von Laienanhängern ausgeführt wurden und in ihrer Pracht einem Herrscher wür-

Seite 58/59: *Der mit Blattgold belegte und von Diamanten bekrönte große Stupa Shwedagon in Yangon (Rangun) ist eine bedeutende Pilgerstätte Myanmars und gehört zu den Nationalheiligtümern des Landes. Er wurde vermutlich Ende des 14. Jahrhunderts erbaut und seither mehrfach erweitert.*

Gegenüber: *Nach dem Tod wurden die Überreste des Buddha in Stupas bestattet. Die Verehrung von Reliquien des Buddha und bedeutender Heiliger spielt bis heute im Buddhismus eine große Rolle. Stupas sind heilige Monumente. Sie symbolisieren die völlige Erleuchtung und die Befreiung aus dem Kreislauf von Geburt, Tod und Wiedergeburt. Gläubige suchen Stupas zur Meditation auf und umrunden sie ehrfürchtig in der Richtung des Sonnenlaufs. Shwedagon, Yangon, Myanmar*

Die Reliefs des Stupa von Bharhut aus dem 2. Jahrhundert v. Chr. bildeten den historischen Buddha noch nicht in anthropomorpher Gestalt, sondern nur in Symbolen ab. So verweist hier ein von Adoranten umgebener Stupa auf die Präsenz des Buddha, der in das Parinirvana eingegangen ist. Pfeiler aus rotem Sandstein, Kalkutta, Indian Museum

dig gewesen wären. Die Menschen brachten wahre Blumenmeere dar und wurden der Gesänge und Tänze nicht müde. Nachdem sie den Körper des Erleuchteten in Öl gebadet hatten, legten sie ihn in einen Sarg und brachten ihn zur Verbrennungsstätte. Es heißt, der Holzhaufen habe sich selbst entzündet und später sei das Feuer von selbst wieder verlöscht.

Kurz darauf drohte ein Streit um die Überreste des Erleuchteten zu entbrennen. Verschiedene Könige und Stämme forderten ihren Anteil, doch die Bewohner von Kushinagara wollten die Reliquien nicht herausgeben. Schließlich gelang es dem für die Zeremonie verantwortlichen Brahmanen Drona, die Reliquien gerecht aufzuteilen, die dann in Grabmälern, den so genannten Stupas, bestattet wurden. Er selbst behielt das Tongefäß, in dem die Reliquien zunächst geborgen worden waren, als Entgelt für seine Dienste.

Bis heute hat die Reliquienverehrung im Buddhismus einen großen Stellenwert, und daher sind Stupas mit Überresten bedeutender Heiliger und Mönche überall in der buddhistischen Welt anzutreffen. Gläubige erinnern diese Andachtsstätten an das Parinirvana des Buddha und die Befreiung vom Leiden und helfen ihnen somit, der Wichtigkeit und der Möglichkeit der eigenen Erlösung eingedenk zu bleiben.

„Die vom Vollendeten verkündete Lehre und Ordnung, ihr Mönche, leuchtet offenbarlich, nicht verhüllt."

Der Borobudur in Java wurde um 800 errichtet. Auf der Basis erheben sich übereinander fünf quadratische und drei runde Terrassen, die von einem Stupa bekrönt sind. Die Wände und Balustraden der ersten Galerie zieren 120 Paneele narrativer Reliefs, die in Anlehnung an die legendäre Buddha-Biografie „Lalitavistara" („Ausführliche Darstellung des Spiels", 1. bis 4. Jahrhundert n. Chr.) Episoden aus den früheren Leben und der letzten Inkarnation des Buddha Shakyamuni darstellen. Da der Text mit der ersten Lehrrede des Buddha schließt, enden hier auch die Darstellungen in Borobudur. Der Ausschnitt aus einem Relief zeigt den Buddha mit einem Adoranten. (rechts)

Sein vorletztes Leben verbringt Siddhartha im Tushita-Himmel. (Seite 64/65)

Siddharthas Eltern, der Raja Suddhodana und seine Frau Maya, sitzen in einem Gartenpavillon in ihrem Palast in Kapilavastu. (Seite 66/67)

Maya wurde gerade als die Mutter des künftigen Buddha erwählt. Sie befindet sich in ihren Gemächern und ist von zahlreichen Dienerinnen umgeben. (Seite 68/69)

Die Götter besprechen, wer von ihnen den künftigen Buddha bei seinem Herabstieg auf die Erde begleiten soll. (Seite 70/71)

Nach dem Tod des Buddha

Durch sein Leben und Wirken hatte der Buddha Siddhartha Gautama Shakyamuni den Anstoß zur Entstehung des Buddhismus gegeben, einer der ältesten großen Weltreligionen. Der Buddhismus verbreitete sich über weite Teile Asiens und hielt in neuerer Zeit auch Einzug in den Westen. Nach dem Tod des Buddha blühte er zunächst in Nordindien immer weiter auf. Besondere Förderung erfuhr er durch den Kaiser Ashoka (268–239 v. Chr.), der sich zu dieser Religion bekannte, unzählige Stupas und Gedenksäulen errichten ließ und Missionare aussandte. Damals wurde die buddhistische Lehre und Praxis in Sri Lanka eingeführt.

Es entstanden drei buddhistische Richtungen, die sich in den folgenden Jahrhunderten in verschiedenen Ländern ausbreiteten, während der Buddhismus in Indien durch das Erstarken des Hinduismus und muslimische Eroberer verdrängt wurde und im 13. Jahrhundert praktisch unterging. Die erste Richtung, der Theravada, die „Lehre der Älteren", oder das Hinayana, „das Kleine Fahrzeug", gelangte nach Sri Lanka, Thailand, Birma, Kambodscha und Laos.

Im ersten nachchristlichen Jahrhundert bildete sich als zweite Strömung das Mahayana, „das Große Fahrzeug", heraus, das unter der Herrschaft der Kushana (1. bis 3. Jahrhundert) in Zentral- und Ostasien Einzug hielt, wo es im Laufe seiner Verbreitung manche Veränderungen durchmachte.

Die dritte Strömung, das Vajrayana, „das Fahrzeug des Diamantzepters", formierte sich etwa im 7. Jahrhundert zu einer eigenen Schule, die vor allem den tibetischen Buddhismus beeinflusste. Tibet blickt auf zwei Verbreitungsphasen des Buddhismus zurück. Im 7./8. Jahrhundert öffnete sich das Land erstmals für die neue Religion und – nach schweren Verfolgungen des Buddhismus im 9. Jahrhundert – im 10. Jahrhundert ein zweites Mal. Die tibetischen Mönche gestalteten ihren Orden in Anlehnung an den Theravada, richteten sich hinsichtlich der Philosophie am Mahayana aus und wurzelten mit ihrer meditativen und rituellen Praxis im Vajrayana. Der tibetische Buddhismus expandierte bis in die Mongolei, in einige Gebiete Nepals, nach Bhutan, Sikkim, Ladakh und Westchina, wo er heute noch praktiziert wird.

Welcher Richtung des Buddhismus sich die Gläubigen auch zugehörig fühlen, sie alle nehmen auf ihrem religiösen Weg zur Erlösung Zuflucht zu den drei Juwelen (*triratna*): dem Buddha, dem Dharma und dem Sangha. Mehrmals täglich sprechen sie das nach dem Tod des Buddha formulierte Bekenntis: „Ich nehme meine Zuflucht zum Buddha. Ich nehme meine Zuflucht zum Dharma. Ich nehme meine Zuflucht zum Sangha."

Der Bodhisattva ist bereit, sein letztes Leben als Mensch und Buddha zu beginnen. Götter, Nymphen und andere himmlische Wesen tragen ihn aus dem Himmel. (Seite 72/73)

Maya empfängt ihren Sohn in Gestalt eines Elefanten während sie schläft. Eine Dienerin fächelt ihr Luft zu, andere umsorgen sie. (Seite 74/75)

Begleitet von Angehörigen des Shakya-Geschlechts macht sich Maya auf den Weg zur Geburt ihres Sohnes. Im „Lalitavistara" heißt es, die Prozession habe aus 84 000 Pferdewagen und ebenso vielen von Elefanten gezogenen Wagen, aus Frauen, Kriegern, Göttern und anderen himmlischen Wesen bestanden. (Seite 76/77)

Kurz vor Siddharthas Erleuchtung sucht Mara den Meditierenden heim. Als Zeugin für seine erworbenen Verdienste ruft Siddhartha die Erdgöttin an. Diese erscheint hier mit einer Vase in der Hand und in Begleitung vieler anderen Göttinnen. (Seite 78/79)

Nach seiner Erleuchtung macht sich der Buddha auf den Weg in den Gazellenpark, um den fünf Asketen den Dharma darzulegen. (Seite 80/81)

Bürger bringen dem Erleuchteten Ehrerbietung entgegen. (Seite 82/83)

Die Buddhas

Der Vorzeitbuddha Dipamkara erscheint mit einer fünfzackigen Krone und dem Schmuck des Weltenherrschers auf einem hölzernen Lotossockel. Die mit Türkisen verzierte Figur besteht aus einem Holzkern mit Kupferblechverkleidung und ist teilweise feuervergoldet. Unterarme, Hände und Füße wurden in verlorener Form gegossen, das Gewand und die Aureole mit rotem Lack überzogen. Nepal, ca. 17. Jahrhundert. München, Staatliches Museum für Völkerkunde

Gegenüber: *Im Mahayana-Buddhismus besteht die Vorstellung, dass neben dem Buddha Shakyamuni viele weitere Buddhas existieren. In ihrer Gesamtheit wurden die so genannten tausend Buddhas aller Weltzeitalter in unzähligen kleinen Figuren neben- und übereinander abgebildet, wie in dieser Grotte des Höhlentempels in der Nähe von Luoyang, China, dessen Bau im Jahr 494 begonnen und über Jahrhunderte fortgesetzt wurde.*

Buddhas der Vorzeit

Zu Beginn des Buddhismus gingen die Gläubigen nur von der Existenz eines einzigen Buddha aus, des Buddha Shakyamuni. Doch im Laufe der Jahrhunderte nahm im Rahmen des Mahayana die Idee einer Vielzahl von Buddhas Gestalt an und wurde immer weiter ausgeformt. Theoretisch reicht die Anzahl der Buddhas bis in die Tausende. Aus der buddhistischen Kunst sind Darstellungen der tausend Buddhas aller Weltzeitalter bekannt. Diesen Buddhas wurden zum Beispiel einige Höhlen der berühmten chinesischen Tempel von Dunhuang geweiht. Im Zentrum der religiösen Praxis stehen jedoch nur einzelne Buddhas oder auch Buddhagruppen. Welche Buddhas besonders verehrt werden, variiert in den verschiedenen Ländern und buddhistischen Richtungen.

Der Buddha Shakyamuni hatte erklärt, dass ihm bereits andere Erwachte vorausgegangen seien. Doch in den alten Schriften besteht keine Einigkeit darüber, wie viele es waren. So spricht der Pali-Kanon von drei vorzeitlichen Buddhas. Dagegen benennt das *Buddhavamsa*, die *Genealogie der Buddhas* (ca. 3. Jahrhundert n. Chr.), 24 Buddhas vor dem historisch fassbaren Buddha und gibt Maitreya als zukünftigen Buddha an.

Der erste Buddha aller Zeiten war Dipamkara, der „Träger des Lichts“. Sein Name rührt daher, dass er als erster Erleuchteter den Menschen das Licht des Dharma übermittelt hat. Tausend Jahre lang weilte er auf der Erde und inspirierte während dieser Zeit den Brahmanen Sumedha, der später als Siddhartha Gautama zur Welt kommen sollte, den Weg zur Buddhaschaft zu beschreiten.

Wie eine berühmte Legende berichtet, war Dipamkara vor etlichen Weltzeitaltern auf der Erde erschienen. Viele Menschen hatten sich daran gemacht, die Straßen für den Buddha zu fegen, so auch Sumedha. Doch der Asket und ehemalige Brahmane hatte seine Arbeit noch nicht beendet, als Dipamkara schon bei ihm angelangt war. So warf Sumedha sich ehrfürchtig zu Boden und

*„Was man erkennen soll, kenn ich.
Was man vollziehen soll, ich vollzog's.
Was man zu lassen hat, ließ ich:
So erwarb ich die Buddhaschaft."*

bedeckte die Straße mit seinem langen Haar, damit die Füße des Buddha den Schmutz nicht berührten. Der mit Hellsichtigkeit begabte Dipamkara sagte Sumedha voraus, dass er in einem späteren Leben den Namen Gautama tragen und die Buddhaschaft erreichen würde. Viele Weltzeitalter später sollte sich Dipamkaras Prophezeiung bewahrheiten.

In China wurde Dipamkara sehr verehrt. Besonders frühe Darstellungen dieses Vorzeitbuddha sind in den Höhlen von Yungang und Longmen zu bewundern. Tibetische Buddhisten verehren Dipamkara, Shakyamuni und Maitreya als die Buddhas der drei Zeiten und stellen sie häufig gemeinsam dar.

Der 33,3 cm große Bodhisattva aus vergoldeter Bronze kann aufgrund des Fläschchens in der linken Hand wohl als Maitreya identifiziert werden und wurde wahrscheinlich in Xian, China, gefunden. Die Figur stammt etwa aus dem frühen 4. Jahrhundert n. Chr. Wie die Haartracht und das Gewand erkennen lassen, lehnt sie sich stilistisch an den Gandhara-Stil des alten Indien an. Auch die Sandalen sind unchinesisch. Kyoto, Fujii Seiseikai Yurinkan Museum

Der künftige Buddha Maitreya

Wie einst der Buddha Shakyamuni wartet nun der künftige Buddha Maitreya, der „Liebevolle" oder „Gütige", auf seine Herabkunft auf die Erde. Der historische Buddha selbst hat ihn als seinen Nachfolger eingesetzt. Derzeit lebt Maitreya als Bodhisattva namens Natha im Tushita-Himmel und ist dort als Lehrer tätig. Die alten Texte beschreiben genau, in welche Lebensumstände Maitreya auf der Erde wiedergeboren und wie er die Erleuchtung erreichen wird. Auch heißt es dort, er werde 60 000 Jahre lang lehren und einer ungeheuren Vielzahl von Menschen den Weg zur Erlösung weisen. Da er erneut das Rad der Lehre in Gang setzen wird, wird Maitreya häufig mit der *dharmachakramudra* dargestellt, also mit jener Geste, die an die erste Predigt des Buddha Shakyamuni erinnert.

Darüber hinaus ist für viele Maitreya-Bildnisse der Stupa im Haar des Bodhisattva charakteristisch. Dieses Attribut basiert auf einer in Legenden erzählten Begegnung zwischen dem Buddha-Schüler Kashyapa und Maitreya in Maitreyas künftigem irdischen Leben. Nach dem Tod seines erleuchteten Lehrers hatte sich Kashyapa, mit der Robe des Shakyamuni bekleidet, zur Meditation zurückgezogen und wartete nun auf den Tag, an dem ihn der Buddha Maitreya aufsuchen würde. Dann nämlich wird Kashyapa ihm die Robe übergeben und so das

Zeichen setzen, dass Maitreya der rechtmäßige Nachfolger Shakyamunis ist. Der Körper des Kashyapa aber wird zerfallen und in dem Stupa in Maitreyas Haar geborgen sein.

Bildnisse des Maitreya sind über den gesamten asiatischen Raum weit verbreitet. Tragen doch Buddhisten die tiefe Hoffnung, dass dieser gütige und mitleidvolle Bodhisattva und zukünftige Buddha sie dereinst zur Erlösung führen wird. Da Maitreya von den Anhängern des frühen Buddhismus als einziger Bodhisattva anerkannt wurde, erscheint er schon sehr früh in künstlerischen Darstellungen, wie etwa in der Kunst von Gandhara, die ab dem 1. Jahrhundert n. Chr. anthropomorphe Buddhabildnisse schuf. Viele chinesische Tempel sind mit einer Statue des Maitreya geschmückt, und seit dem 6. Jahrhundert wird der zukünftige Buddha auch in Korea und Japan verehrt.

Die fünf transzendenten Buddhas

Die Vorstellung von fünf transzendenten Buddhas steht in engem Zusammenhang mit der Lehre von den drei Körpern (*trikaya*) des Buddha. Diese Lehre entstand im Rahmen des Mahayana-Buddhismus, der sie im 4. Jahrhundert vollendete. Sie erklärt das Verhältnis der Vielzahl der Buddhas zu dem einzigen, unwandelbaren und allzeit gültigen Dharma und beschreibt anhand dreier verschiedener „Körper" drei unterschiedliche Weisen des Daseins.

Der *dharmakaya*, der „Körper der Wahrheit", entspricht der Buddhanatur und ist die absolute Wirklichkeit, die sich jedweder Beschreibung und damit auch allen Darstellungen entzieht. Als Urbuddha oder Adibuddha verehrt, wurde der *dharmakaya* dennoch etwa seit dem 8. Jahrhundert personifiziert und auch künstlerisch dargestellt. Zunächst galt der Buddha Vairochana, „der Strahlende", als Adibuddha, später nahmen andere Buddhas seine Stelle ein. Der zweite Körper, der *sambhogakaya*, der „Körper der Seligkeit", weist auf eine fein-

Der Bodhisattva und künftige Buddha Maitreya, der „Gütige", ist an dem Stupa in der Haartracht zu erkennen, in dem sich einer Legende zufolge die Asche des Buddha-Schülers Kashyapa befindet. In seiner linken Hand hält Maitreya den Stängel eines blauen Lotos, dessen Blüte sich abgesetzt auf dem mit einem Flammen- und Blütenband verzierten Nimbus befindet. 9. Jahrhundert n. Chr., Candi Plaosan, Zentral-Java. Jakarta, Museum Nasional

stoffliche Ebene des Seins hin, die in der Meditation erfahren werden kann und der die fünf transzendenten Buddhas zugeordnet sind. Der dritte, der *nirmanakaya*, der „Körper der Verwandlung", bezeichnet die menschliche Gestalt. Ihn nehmen alle Buddhas an, die als Menschen in die Welt geboren wurden und noch werden, um den Dharma darzulegen, wie etwa der historische Buddha. Der historische Buddha vereinte alle drei Ebenen in sich. Er verkörperte sich im *nirmanakaya*, dem vergänglichen menschlichen Leib. In der Meditation erfuhr er die Sphäre des *sambhogakaya* und durch seine Erleuchtung verwirklichte er den allen Buddhas eigenen *dharmakaya*.

In einigen buddhistischen Schulen sind die fünf transzendenten Buddhas ein zentrales Symbol. Sie sind auch bekannt als die fünf Jina, „die Siegreichen", die Tathagatas, „die So-Gekommenen", oder die Dhyani-Buddhas, die „Meditations-Buddhas". Als Gruppe werden sie in Mandalas abgebildet, wobei jedem Buddha eine bestimmte Himmelsrichtung zugeordnet ist. Das größte Mandala in architektonischer Form ist Borobudur in Java. In dieser monumentalen Anlage aus dem 8. Jahrhundert erscheinen auf den vier quadratischen Terrassen der Buddha Akshobhya im Osten, der Buddha Ratnasambhava im Süden, der Buddha Amitabha im Westen und der Buddha Amoghasiddhi im Norden. Der zentrale Buddha Vairochana befindet sich 72 mal auf den runden Terrassen. Losgelöst aus der Fünfheit, werden vor allem die Buddhas Vairochana und Amitabha kultisch verehrt.

Vairochana, „der Strahlende", ist der Buddha des Zentrums. Er gilt als der „Vater" der anderen vier transzendenten Buddhas, hat er sie doch dem *Tantra der Geheimversammlung* (*Guhyasamajatantra*) zufolge in der Meditation hervorgebracht. Vairochana zeichnet sich durch seinen unbefleckten Geist aus, weshalb ihm die weiße Farbe zugeordnet ist. Als eine spirituelle Erscheinungsform des Buddha Shakyamuni wird er häufig mit der *dharmachakra-mudra* dargestellt. Denn diese Geste erinnert an die erste Predigt des Buddha, die das Rad der Lehre in Gang setzte. Wichtige Attribute des Vairochana sind die Sonnenscheibe und das Rad der Lehre. In seiner Funktion als Adibuddha wird er auch Mahavairochana genannt.

Akshobhya, „der Unerschütterliche", bändigt die Leidenschaften und offenbart den reinen Geist der Erleuchtung. Er symbolisiert Shakyamunis Sieg über die Leidenschaften und wird daher mit der *bhumisparsha-mudra*, der Geste der Erdanrufung, gezeigt. Akshobhya ist Herr über das östliche Zwischenparadies der Freude, das Abhirati genannt wird und in dem fromme Gläubige wiedergeboren werden können. Dort hilft er den Wiedergebore-

In China und Korea wurde Maitreya zeitweise mit Vorliebe als ein nachdenklicher Bodhisattva dargestellt, der seinen Oberkörper nach vorne neigt und die rechte Hand zum Gesicht führt. Das Hüftgewand bedeckt den Unterkörper sowie den hohen Sockel, auf dem der bekrönte Bodhisattva sitzt. Das linke, herabhängende Bein ist verhältnismäßig lang dargestellt und ruht auf einer Lotosblüte. Die nachdenkliche, in sich gekehrte Haltung des prächtig geschmückten Maitreya deutet seine bevorstehende Erleuchtung an. 6. Jahrhundert, Korea. Langen Foundation

Gegenüber: *Der Buddha Vairochana, „der Strahlende", wird mit der Geste des Ingangsetzens des Rads der Lehre (dharmachakra-mudra) gezeigt, auf die sich nicht nur der Blick des Buddha, sondern seine gesamte Konzentration richtet. An seiner linken Hand sind Schwimmhäute zu sehen, eines jener 32 Merkmale eines „großen Mannes". Vairochana trägt prächtige Schmuckstücke und verbirgt seinen Schädelwulst hinter einem Diadem und unter einer Bekrönung. Die nepalesische Figur des 12. Jahrhunderts wurde in Kupferbronze gegossen und weist Spuren einer Vergoldung auf. Langen Foundation*

nen, sich von allem Weltlichen zu befreien, das der Erlösung im Weg steht. Als Herr des Ostens wird Akshobhya mit der aufgehenden Sonne assoziiert. Seine Farbe ist das Blau, sein Emblem der Vajra, das Diamantzepter.

Amitabha, der Buddha „von unermesslichem Glanz", herrscht über das glückvolle Zwischenparadies Sukhavati, das Reine Land im Westen. Weil in dieser Himmelsrichtung die Sonne untergeht, wird diesem Buddha die Farbe Rot zugeordnet. Der unendlich mitleidvolle Amitabha empfängt die Seelen Verstorbener und befreit sie von ihrem Leiden. Einst gelobte er, sein Zwischenparadies so zu gestalten, dass das Leben der dort Wiedergeborenen ihr letztes sei und sie danach sofort in das Parinirvana eingehen würden. Aufgrund dieses Glaubensinhaltes entwickelte sich bereits seit dem 3. Jahrhundert ein umfassender und eigenständiger Amitabha-Kult, der sich von Indien vor allem nach Ostasien, aber auch nach Tibet ausbreitete. In Japan ist der beliebte Heilsbringer unter dem Namen Amida bekannt. Amitabha symbolisiert das spirituelle Erwachen und wird oft mit der *dhyana-mudra*, der Meditationsgeste, dargestellt. Die ihm zugeordnete Farbe ist das Rot, eines seiner Attribute der Lotos. Insgesamt weist jedoch die große Zahl der Amitabha-Bildnisse, die überwiegend aus dem ostasiatischen Raum stammen, eine reiche Gestaltungsvielfalt auf.

Ratnasambhava, „der mit dem Juwel Geborene", residiert im Süden. Die Freigebigkeit als sein besonderes Charakteristikum kommt in der *varada-*

Links: *Der Buddha Akshobhya, „der Unerschütterliche", gehört zu den fünf transzendenten Buddhas. Da er den Sieg über die Leidenschaften symbolisiert, wird er häufig mit der Geste der Erdanrufung (bhumisparsha-mudra) dargestellt. 9. Jahrhundert, Borobudur, Java, Indonesien*

Rechts: *Amitabha, der Buddha „von unermesslichem Glanz", ist in vielen buddhistischen Strömungen von besonderer Bedeutung. Hat er doch einst versprochen, dass alle Menschen, die in seinem Paradies wiedergeboren werden, in ihrem folgenden Leben unmittelbar in das Nirvana eingehen werden. Die dem Amitabha zugeordnete Handhaltung ist die Geste der Meditation (dhyana-mudra). 9. Jahrhundert, Jakarta, Museum Nasional*

Die Skulptur des transzendenten Buddha Ratnasambhava aus Peking, China, wurde im 17./18. Jahrhundert n. Chr. in der Trockenlacktechnik angefertigt und lässt Stilelemente des tibetischen Buddhismus erkennen. Der Buddha sitzt in der Meditationshaltung auf einem Lotosthron und hält seine rechte Hand in der Geste der Barmherzigkeit oder der Wunschgewährung (varada-mudra). Der Mittelfinger seiner linken Hand ist leicht nach oben gebogen, so als würde er zusammen mit dem Daumen das – hier nicht sichtbare – Wunschjuwel halten, das ihm zugeordnete Emblem. Im Inneren der Figur wurden aufgerollte Gebetstexte in tibetischer Schrift gefunden. München, Staatliches Museum für Völkerkunde

mudra, der Geste der Wunschgewährung, zum Ausdruck. Der Edelstein ist sein Emblem. Dank dieses Wunschjuwels vermag der Buddha die Menschen aus ihrer materiellen Not zu befreien. Da er mit der strahlenden Sonne des Südens in Beziehung steht, ist ihm die gelbe Farbe zugeordnet. Ratnasambhava wird sehr selten als einzelner Buddha dargestellt, da die Gläubigen ihn meistens zusammen mit anderen Buddhas verehren.

Amoghasiddhi, „der (Buddha) von unfehlbarer Zaubermacht", herrscht über das nördliche Weltviertel und repräsentiert eine furchtlose Zielgerichtetheit. Aufgrund seines Namens betrachten Gläubige ihn als den Erfüller ihrer Wünsche. Amoghasiddhis Farbe ist das Grün, sein Attribut ein Doppelvajra, ein doppeltes Diamantzepter. Seine rechte Hand bildet die *abhaya-mudra*, die Geste der Furchtlosigkeit, während seine linke Hand im Schoß liegt oder den Doppelvajra hält. Dem Norden ist das Wasser zugeordnet. Daher wird Amoghasiddhi von Bauern besonders in Trockenzeiten oder bei Überschwemmungen angerufen, damit er den Mangel oder die Fülle des Wassers reguliert. Wie Ratnasambhava tritt auch Amoghasiddhi kaum einzeln auf, sondern vielmehr in gemeinsamen Abbildungen aller fünf transzendenten Buddhas. Während die fünf transzendenten Buddhas in der indischen Kunst nur selten anzutreffen sind, haben die esoterischen Schulen Japans und der tibetische Buddhismus sie in zahlreichen Skulpturen und Gemälden eingefangen. Diese Traditionen sehen in ihnen auch Manifestationen der fünf Stufen des Erlösungswegs. So gilt etwa Amitabha als das spirituelle Erwachen oder Akshobhya als das Erwachen des Herzens. Wichtige ikonographische Unterscheidungsmerkmale der Buddhas sind ihre Farben, Embleme und Handhaltungen. Doch kann jeder einzelne Buddha auch mit einer anderen Handhaltung dargestellt werden. Über die hier vorgestellten Erleuchteten hinaus kennen die Gläubigen zahlreiche weitere Buddhas und Bodhisattvas, denen sie ihre Verehrung zollen.

Gegenüber: *Der Buddha auf dem Löwenthron, ein Zeugnis der Gandhara-Kunst des 2./3. Jahrhunderts n. Chr., stammt aus der Klosteranlage Takht-i-Bahi im heutigen Pakistan. Griechische Einflüsse zeigen sich im Profil des Buddha und in dem faltenreichen, Toga-ähnlichen Gewand. Der Haarknoten (ushnisha) symbolisiert spirituelle Kraft, während aus der Haarlocke auf der Stirn (urna) das alle Wesen erleuchtende Licht der Weisheit strahlt. Beide gehören zu den 32 Kennzeichen eines „Großen Mannes", die einst der Weise Asita auch an dem neugeborenen Siddhartha entdeckte. Berlin, Museum für Indische Kunst*

Kapitel 2

Indien und Südostasien

Als Wächter der Himmelsrichtungen krönen vier Löwen das Kapitell einer Gedenksäule, die Ashoka im 3. Jahrhundert v. Chr. errichten ließ. Der mittlere, auf einem Lotossockel ruhende Teil des Kapitells zeigt ein Pferd, einen Elefanten, ein Buckelrind und einen Löwen, zwischen denen sich jeweils ein Rad als Symbol für den Dharma befindet. Sarnath, Archaeological Museum

„Also habe ich gehört.

Einstmals verweilte der Erhabene zu Savatthi, im Jetavana, dem Garten des Anathapindika. Zu der Zeit nun unterwies der Erhabene die Mönche, ermahnte sie, trieb sie an und erfreute sie durch Reden der Lehre, die sich auf das Nirvana bezogen. Die Mönche aber, ihren Glauben und ihre Gedanken darauf richtend, alles im Geist überlegend, aufmerksam zuhörend vernehmen die Lehre. Solches erkennend tat der Erhabene zu der Zeit den Ausruf:

‚Es gibt, ihr Mönche, eine Stätte, wo nicht Erde ist, nicht Wasser, nicht Feuer, nicht Luft, nicht die Stufe der Raumunendlichkeit, nicht die Stufe der Erkenntnisunendlichkeit, nicht die Stufe der Nichtirgendetwasheit, nicht die Stufe von weder Vorstellen noch Nichtvorstellen, nicht diese Welt noch jene Welt, beide Mond und Sonne. Das nenne ich, ihr Mönche, nicht Kommen noch Gehen noch Stehen noch Sterben noch Geburt. Ohne Grundlage, ohne Fortgang ohne Halt ist es. Das ist des Leidens Ende.'"

Gegenüber: *Von dem berühmten Stupa von Bharhut aus dem 2. Jahrhundert v. Chr. sind heute nur noch Überreste erhalten. Die Szene auf dem Zaun des Stupa veranschaulicht, wie die Reliquien des Buddha zur Bestattung in einen Stupa gebracht werden. Die Reiterfigur ist Teil der Prozession. Kalkutta, Indian Museum*

Der Theravada- und der Mahayana-Buddhismus

Frühe Verbreitung des Buddhismus

Im Laufe der ersten Jahrhunderte nach dem Tod des Buddha Shakyamuni breitete sich der Buddhismus in ganz Indien aus. Mönche und Nonnen bildeten die eine Säule der Religion, männliche und weibliche Laien die andere. Da der Buddha keinen Nachfolger eingesetzt hatte, oblag die Tradierung des Dharma den Ordensleuten. Doch recht bald traten divergierende Ansichten hervor, wie die Lehre und die Ordensregeln auszulegen seien, und so entstanden verschiedene buddhistische Schulrichtungen. Eine von ihnen war die Schule der Vibhajyavadins aus dem 3. Jahrhundert v. Chr., deren Anhänger die eigene Anschauung als diejenige betrachteten, die völlig der ursprünglichen Lehre des Buddha entsprach und keine Neuerungen enthielt. Daher nannten sie sich Theravadin, „die Älteren". Der von ihnen initiierte Theravada-Buddhismus hielt in Süd- und Südostasien Einzug, weshalb er auch als südlicher Buddhismus bezeichnet wird.

Seine frühe und weitreichende Verbreitung verdankt der Buddhismus dem mächtigen König Ashoka, der das Maurya-Reich in den Jahren 272–236 v. Chr. regierte. Nachdem Ashoka Buddhist geworden war, begann er, seine Regierung auf den Dharma zu gründen und die Lehre im ganzen Land zu festigen, etwa indem er etliche Steinsäulen mit buddhistischen Inschriften errichten ließ. Später erfuhr der Theravada in vielen südostasiatischen Staaten Unterstützung seitens der Herrscher, die in der neuen Religion nicht zuletzt ein wirksames Mittel zur Festigung und Zentralisierung ihrer Reiche sahen. So blicken die am Theravada orientierten Länder auf eine Geschichte enger Verflechtungen zwischen dem religiösen und dem weltlichen Leben zurück, deren Spuren bis heute fortwirken.

Der Mahayana-Buddhismus, das „Große Fahrzeug", trat im 1. Jahrhundert v. Chr. als eigenständige Tradition hervor, wenngleich seine Ideen schon früher Wurzeln schlugen. Auch das Mahayana griff auf die frühbuddhistische Lehre zurück, doch es wies grundlegende Unterschiede zum Theravada auf. Für die buddhistische Kunst waren vor allem das neue Verständnis der Erlösung und des historisch fassbaren Buddha bedeutsam.

Individuelle und universelle Erlösung

Die Erlösung des Menschen aus dem Kreislauf der Wiedergeburten und des Leidens, die völlige Erleuchtung, ist das Ziel aller Buddhisten. Anhänger des Theravada streben nach persönlicher Befreiung und vertreten den Standpunkt, dass diese nur durch eigene Bemühungen verwirklicht werden kann. Sie haben hierbei den historischen Buddha vor Augen, der durch eigene Kraft die Erleuchtung erlangte.

Gegenüber: *Der Diamantthron ist ein Sinnbild für den Buddha Shakyamuni. Hier steht er unter dem Bodhibaum und weist insofern auf die Erleuchtung des Buddha hin. Das Relief aus dem 2. Jahrhundert v. Chr. stammt von einem Zaunpfeiler des Stupa von Bharhut. Kalkutta, Indian Museum*

Gegenüber: *Als der Buddha predigend durch Indien reiste, schenkte ihm ein reicher Kaufmann den Jetavana, den „Park des Prinzen Jeta", damit er dort ein Kloster errichten konnte. Als Preis musste der Kaufmann die gesamte Fläche des Grundstücks mit Münzen bedecken. Das Medaillon auf einem Pfeiler des Stupa von Bharhut (2. Jahrhundert v. Chr.) nimmt Bezug auf diese Schenkung. Prinz Jeta (vorne unten) überwacht, wie (rechts) eine Kiste mit Münzen aus einem Ochsenkarren abgeladen wird und zwei Arbeiter den Boden mit dem Geld bedecken. In der Bildmitte steht der Stifter mit einer Wasserkanne, um die Hände des Buddha, der hier durch einen Bodhibaum dargestellt ist, zu benetzen. Durch dieses Ritual besiegelte man im alten Indien die Übertragung von Eigentum. Links im Bild schaut die Menge der Zeremonie zu.*

Das Pfeilerrelief vom Zaun des Stupa von Bharhut ist beispielhaft für den Stil der damaligen Zeit, da es kaum räumliche Tiefe aufweist, sondern die einzelnen Elemente in der Fläche übereinander setzt. Auch die Füße der Pfeilerfiguren sind zu den Seiten hin gedreht. 2. Jahrhundert v. Chr., Kalkutta, Indian Museum

„Im Erlösten entsteht die Erkenntnis: Ich bin erlöst. Vernichtet ist die Geburt, vollendet der heilige Wandel, erfüllt die Pflicht, keine Rückkehr gibt es mehr zu dieser Welt: also erkennt er."

Ihr irdisches Ideal ist der Arhat, jener Weise oder Heilige, der die Erlösung erreicht hat und nach diesem Leben in das Parinirvana eingehen wird.

Während der Theravada die Möglichkeit der Erlösung nur den Mönchen und Nonnen zuschreibt, betont der Mahayana-Buddhismus, dass auch Laien das Nirvana offen steht. Er vertritt eine universelle Erlösungsidee, der zufolge es das vorrangige Ziel des einzelnen Menschen ist, ein Bodhisattva zu werden, nämlich ein zur Erleuchtung bestimmtes Wesen, das zunächst auf das endgültige Nirvana verzichtet, um möglichst vielen anderen Wesen die Erleuchtung zu ermöglichen. Die Anhänger des Mahayana richten demnach ihr Streben und Wirken primär auf das Wohl aller Wesen aus. Zugleich vertrauen und hoffen sie bezüglich ihres eigenen völligen Erwachens auf die Hilfe der Bodhisattvas. Denn voller Erbarmen nehmen die Bodhisattvas das Leid anderer Wesen auf sich und übertragen ihnen ihre eigenen Verdienste. Da es den Anhängern des Theravada „nur" um die Erlösung des Einzelwesens geht, wurde ihre Richtung von den Anhängern des Mahayana nicht ohne Geringschätzung Hinayana, „Kleines Fahrzeug", genannt.

Das Ideal des barmherzigen, weisen Bodhisattva spiegelt sich in der Kunst in zahlreichen Darstellungen wider. Ein überaus wichtiger Bodhisattva des Mahayana ist Avalokiteshvara, dessen Name gedeutet wird als „Herr, der herabschaut", „der die Klänge (Schreie) der Welt erhört" oder „der Klang, der die Welt erleuchtet". Avalokiteshvara trägt auch den Beinamen Mahakaruna, „Großes Erbarmen". Er steht in direkter Beziehung zu dem Buddha Amitabha und wird als dessen handelnde Emanation oder wirkende Kraft betrachtet, weshalb Abbildungen ihn oft mit einer kleinen Statue des Amitabha in seiner Haartracht zeigen. Avalokiteshvara ist eine der beliebtesten und am meisten verehrten Gestalten der buddhistischen Welt. Der Bodhisattva, der verschiedene Erscheinungsformen annehmen kann, wird zumeist stehend dargestellt und sehr häufig mit mehreren Köpfen und Armen. Seine Attribute sind die Lotosblüte, eine Gebetskette oder ein Gefäß mit Blumen oder Wasser, das den Durst stillt und die Sinne besänftigt.

Weltzugewandtheit und Transzendenz

Ein zweiter wichtiger Unterschied zwischen dem Theravada und dem Mahayana besteht in der Auffassung vom Buddha Shakyamuni. Im Theravada gilt der historische Buddha als ein mustergültiger Mensch und Lehrer, dessen Streben und Leben anderen Menschen leuchtendes Vorbild ist. In allen Ländern und zu allen Zeiten, in denen der Theravada vorherrschte, stellt er die wichtigste Gestalt für die Plastik und Malerei dar und wird daher bevor-

Gegenüber: *Der Kopf eines Bodhisattva wurde in dem berühmten Kunstzentrum Mathura angefertigt, wo etwa zeitgleich mit Gandhara im 1. Jahrhundert n. Chr. erste personale Buddhabildnisse entstanden. 2. Jahrhundert n. Chr., Neu-Delhi, National Museum*

zugt in Einzelbildnissen gezeigt oder auch mit einigen wenigen Begleitern. Im Einklang mit der frühen buddhistischen Lehre finden die ursprünglichen Elemente der Tradition, wie etwa die Meditation oder die Askese, besondere Beachtung. Seit Anbeginn sind auch die Jataka-Erzählungen über die früheren Leben des Buddha Shakyamuni oder wichtige Stationen seines letzten irdischen Daseins beliebte Themen in der buddhistischen Kunst.

Das Mahayana gliedert den historischen Buddha in eine Reihe von Buddhas ein, die ihm vorausgegangen sind oder ihm noch folgen werden. Diese Buddha-Pluralität ist ein wesentliches Charakteristikum der Mahayana-Kunst. Von nun an wurde der Buddha Shakyamuni auch in Begleitung anderer Buddhas oder mehrerer Bodhisattvas dargestellt.

Anders als im Theravada wird der auf der Erde erschienene Buddha Shakyamuni nicht mehr primär als Mensch und Lehrer betrachtet, sondern als Personifikation oder Emanation des ewigen Dharma. Diese Anschauung führten zu Darstellungen, die den historischen Buddha von der irdischen in eine transzendente Sphäre entrückten und ihn beispielsweise im Umfeld von Himmelspalästen oder fliegenden Wesen zeigten.

Überdies besagt die Lehre des Mahayana, dass sich der Buddha Shakyamuni zum Wohle aller Wesen als Mensch inkarnierte und gleichzeitig die absolute, unbeschreibbare Buddhanatur in sich trug. Insofern sahen es die Künstler als ihre Aufgabe an, in den Buddhabildnissen die Endlichkeit und die Unendlichkeit als zwei wesentliche Aspekte des Daseins zu vereinen und zum Ausdruck zu bringen.

Orden und Laiengläubige

Ein dritter Aspekt der buddhistischen Lehre, der im Zusammenhang mit dem Ordensleben und der Laienreligiosität steht, darf hier nicht unerwähnt bleiben, da er indirekt auf die Kunst einwirkte. Die Lehre der Älteren geht von der Notwenigkeit aus, das weltliche Leben aufzugeben, um das Nirvana erreichen zu können, und misst insofern dem klösterlichen Leben ungemeine Bedeutung bei. Bis heute spielt der Sangha in den vom Theravada geprägten Ländern eine große Rolle. Als sich der Theravada verbreitete, lebten die Mönche – bis auf wenige – schon bald nicht mehr als Hauslose in den Wäldern. Vielmehr waren sie, eingebettet in die Gesellschaft, als Lehrer und politische Berater tätig und leiteten Zeremonien wie etwa Begräbnisse. Sie tradierten die buddhistische Lehre und waren ihren Mitmenschen mustergültige moralische Vorbilder.

Obwohl dem Theravada gemäß Ordensleute dem Nirvana näher sind als Laiengläubige, steht prinzipiell jedem Wesen die Möglichkeit der Erlösung

Gegenüber: *Neben freistehenden Buddhaskulpturen waren narrative Reliefs eine typische Darstellungsweise der Kunst aus Amaravati. Das Relief des 2. Jahrhunderts aus Nagarjunakonda zeigt in der Mitte einen von Löwen bewachten Stupa. Über ihm haben sich himmlische Adoranten eingefunden. Am Eingang zum Stupa beten Pilger und bringen dem stehenden Buddha Opfergaben dar. Des Weiteren sind Ereignisse aus dem Leben des Buddha zu sehen. Neu-Delhi, National Museum*

Folgende Doppelseite: *Die verschiedenen Existenzen des Buddha Shakyamuni waren in der Reliefkunst von Amaravati und Nagarjunakonda ein wichtiges Thema. Die beiden Stelen des 3. und 4. Jahrhunderts mit Szenen aus dem Leben des Erleuchteten stammen aus Nagarjunakonda. Neu-Delhi, National Museum*

Der Stupa II von Sanchi birgt Überreste bedeutender buddhistischer Heiliger aus der Zeit des Ashoka. Wie bei dem großen Stupa I, so bildet auch hier der Steinzaun mit seinen vier Öffnungen in die Himmelsrichtungen ein Svastika. Im Buddhismus symbolisiert dieses Zeichen das in Gang gesetzte Rad der Lehre. Sanchi

offen. Für Laien ist es wichtig, Verdienste zu erwerben. Denn diese verheißen eine bessere Wiedergeburt als Mensch und damit die Chance für eine Ordination. Verdienste sammeln Laienanhänger, indem sie beispielsweise die Orden unterstützen oder Kunstwerke stiften. So florierte seit Beginn des Buddhismus der Bau von Stupas, die auf Laien zurückgingen und von ihnen gepflegt und verehrt wurden. Den Anhängern des Mahayana war es ebenso wichtig, Verdienste zu erwerben. Stellten diese doch in einigen Schulen eine Voraussetzung dafür dar, im Paradies des Amitabha wiedergeboren zu werden, von dem aus ein direkter Übergang in das Nirvana möglich ist.

Indien
Die Heimat der buddhistischen Kunst

Kunst im Dienst der Religion

Viele Buddhastatuen verkörpern eindrucksvoll einen Zustand tiefer Sammlung und Stille, heiterer Gelassenheit oder der Glückseligkeit, der den Betrachter – unabhängig von seiner religiösen Zugehörigkeit – unmittelbar anzurühren vermag. Gläubigen Buddhisten helfen diese Bildnisse, der Erleuchtenden und des Dharma eingedenk zu werden und dem eigenen Erwachen entgegenzustreben. Buddhistische Kunstwerke dienen stets der Verehrung und Hingabe. Da ihre Bestimmung einzig und allein religiöser Natur ist, beruht ihr äußeres Erscheinungsbild auf religiösen Prinzipien und festen ikonografischen Vorgaben, die in vollen-

Der Stupa III besitzt nur ein frei stehendes Tor, dessen kunstvolle Reliefs einen wirkungsvollen Kontrast zu dem schlichten Bauwerk schaffen. Als die Stupas errichtet wurden, bildeten die Künstler den Buddha Shakyamuni auf den narrativen Reliefs der Zäune und Tore nur symbolisch ab, etwa durch ein Rad der Lehre, einen Bodhibaum oder einen Stupa. Sanchi

„Nichts gilt Versenkung ohne Weisheit, Weisheit ohne Versenkung nichts."

Nagas sind Schlangengottheiten, die in Indien sehr verehrt wurden. Einer berühmten Legende zufolge hat der Nagakönig Muchalinda einst den Buddha Shakyamuni während seiner Meditation vor Wind und Wetter geschützt.

deter Ausführung den Bildnissen auch ihre „Schönheit" verleihen.

Ein Künstler betrachtet die Schöpfung eines Werkes nicht als Selbstdarstellung, sondern als einen religiösen Akt, der begleitet werden kann von Gebeten. Auch der Künstler selbst ist in das religiöse Geschehen eingebettet, in dem seine individuelle Persönlichkeit keine Bedeutung hat. Deshalb tragen die Objekte nie den Namen ihrer Schöpfer, alleine der Spendername ist häufig verzeichnet. Daher wissen wir nichts über die Künstler, welche die großen Kunstwerke geschaffen haben.

Als sich mit der Verbreitung des Buddhismus in Indien die buddhistische Kunst herausbildete, stell-

Der große Stupa I und seine vier Tore entstanden in mehreren Phasen zwischen dem 3. Jahrhundert v. Chr. und dem 1. Jahrhundert n. Chr. Jedes Tor besteht aus zwei viereckigen Pfeilern, die einen Aufbau aus drei mit Reliefs versehenen Architraven tragen. Die Reliefs und Figuren auf den Toren sind Zeugnisse der Blüte der archaischen Kunst Indiens. Sie widmen sich den Vorgeburtsgeschichten des Buddha und anderen buddhistischen Themen. Sanchi

Gegenüber: *Es wird angenommen, dass das Südtor das älteste Tor des Stupa I ist, da es den Haupteingang zum Heiligtum bildet. Die Löwen auf den Kapitellen der Pfeiler des Südtores erinnern an die hohe Herkunft des Buddha Shakyamuni. Eines der Pfeilerreliefs stellt vier musizierende und tanzende Apsaras, weibliche himmlische Wesen, dar, die vermutlich die Erleuchtung des Buddha feiern. Sanchi, 1. Jahrhundert n. Chr.*

te niemand den Buddha Shakyamuni in anthropomorpher Gestalt dar. Dieser Umstand beruht vermutlich auf dem Gedanken, dass der Buddha als erwachtes Wesen weder mit Worten beschrieben noch bildlich dargestellt werden kann. Um auf die Anwesenheit des Erleuchteten hinzuweisen, bedienten sich die Künstler verschiedener Symbole, zu denen die Fußabdrücke des Buddha, das Rad der Lehre, ein leerer Thron, ein Dreizack als Zeichen für die drei Juwelen, der Bodhibaum oder ein Stupa zählen. Diese Sinnbilder erscheinen auf Reliefs, die vom Leben des historischen Buddha erzählen, oder auch als Dekor der prächtigen Zäune und Tore großer Stupas.

Der Stupa

Stupas gehören zu den frühesten uns bekannten Zeugnissen der buddhistischen Kunst. Sie gelten als bedeutende Erinnerungsmale und spielen in der Verehrung des Buddha Shakyamuni eine wesentliche Rolle, da sie seinen Eintritt in das Parinirvana und somit den Sieg über das Leiden symbolisieren. Seit jeher sind die Stupas eng mit der Laienreligiosität verbunden, hat doch der historische Buddha selbst Laien die Verehrung von Stupas als ein wichtiges Element ihres religiösen Weges angeraten. Bis heute umrunden Gläubige einen Stupa in ehrfürchtiger Andacht dem Sonnenlauf gemäß.

Die Tradition der buddhistischen Stupa stammt von den hinduistischen Grabhügeln, die Fürsten und Heiligen als Grabmale dienten. Erste buddhistische Stupas wurden als Ruhestätten für die Reliquien des Buddha Shakyamuni errichtet, der selber den Wunsch geäußert haben soll, auf diese Weise begraben zu werden. Im Laufe der Jahrhunderte entstanden in ganz Indien tausende Stupas, in denen die Überreste bedeutender Mönche und Heiliger beigesetzt wurden. Allein König Ashoka soll den Bau von 84 000 Stupas initiiert haben. Nur weil schon ein winziger Knochensplitter als Reliquie betrachtet wurde oder auch heilige Texte oder Gegenstände aus dem Leben des Verstorbenen, konnte eine dermaßen große Anzahl Stupas überhaupt mit Reliquien bestückt werden. Zudem gab es Stupas, die keine Reliquien enthielten, aber deswegen nicht minder bedeutsam waren – versinnbildlichten doch die Denkmäler selbst das höchste Nirvana des historischen Buddha und waren schon daher überaus verehrungswürdig.

Vom kleinen tragbaren Reliquienschrein bis hin zum architektonischen Monument wurden Stupas in den unterschiedlichsten Größen angefertigt oder gebaut. Zu den ältesten und bekanntesten großen Heiligtümern gehören die Stupas von Bharhut und Sanchi. Ihre Steintore und -zäune wurden reich dekoriert, so dass die Stupas neben der frühen Archi-

Gegenüber: *Die Reliefkunst von Sanchi erweckt eine freundliche und freudige Welt mit einer zauberhaften Natur und ausdrucksstarken menschlichen und himmlischen Wesen zum Leben. Das obere Relief eines Pfeilers vom Westtor zeigt eine Szene aus der Vorgeburtsgeschichte Mahakapi, einem frühen Leben des Buddha, in dem der Bodhisattva König von 80 000 Affen war und sein eigenes Leben opferte, um sein Volk zu retten. Sanchi, 1. Jahrhundert n. Chr.*

Die zierliche Erscheinung der Tore, von der hier das Westtor ein Beispiel gibt, geht zum einen darauf zurück, dass sie vermutlich in Anlehnung an Holztore erbaut wurden. Zum anderen gestalteten die Bildhauer die stützenden Elemente zwischen den Architraven und Pfeilern als Tiere, Baumgöttinnen oder Zwerge und nahmen so der Steinkonstruktion ihre Schwere. Sanchi

Gegenüber: *Die Zwerge des Westtores haben ihre Arme nach oben gestreckt, um den Aufbau zu halten. Ihr massiver Körper verleiht ihnen die Ausstrahlung großer Kraft. Die Künstler individualisierten die Zwerge, indem sie jeden einzelnen mit eigenen Gesichtszügen ausstatteten. Sanchi*

Ein wichtiges Element der Tore sind die großen männlichen Figuren an den Innenseiten der Pfeiler, die ursprünglich paarweise vorhanden waren und möglicherweise Wächter darstellten. Wie die Figur auf dem Pfeiler des Nordtores so tragen die meisten von ihnen einen indischen Dhoti und einen Turban. Ihr Schmuck wird als Zeichen ihrer adligen Herkunft interpretiert. Sanchi

Gegenüber: *Am besten erhalten sind die Reliefs und Figuren des Nordtores. Während beim Westtor Zwerge als Stützen für die Querbalken dienen und beim Südtor Löwen, sind es beim Ost- und Nordtor Elefanten. Hier scheinen die Elefanten Teil einer königlichen Prozession zu sein, zu der ebenfalls Reiter gehören. Während sich die Reliefs des unteren Querbalkens den Vorgeburtsgeschichten des Buddha widmen, ist der obere Querbalken mit sieben Stupas und Bäumen dekoriert, die jeweils für ein Weltzeitalter stehen und auf das Parinirvana und die Erleuchtung des Buddha verweisen. Sanchi*

„Wer weise ist, soll schrittweise,
Stück für Stück, jeden Augenblick,
Wie das Silber der Schmied läutert,
Sein Ich rein'gen von jedem Fleck."

tektur auch die Anfänge der buddhistischen Bildkunst offenbaren. Vom Stupa von Bharhut zeugen heute nur noch Überreste. Diejenigen Flachreliefs der Tore und des Zaunes, die bis in unsere Zeit überdauerten, werden im Indischen Museum in Kalkutta aufbewahrt. Wie der Stifterinschrift zu entnehmen ist, stammen sie aus dem 2./1. Jahrhundert v. Chr. und sind somit die ältesten Belege buddhistischer Reliefkunst.

Die frühesten, noch gut erhaltenen und zum Teil restaurierten drei Stupas befinden sich in Sanchi. Der Kernbau des berühmten Stupa I, der auf König Ashoka zurückgeht, wurde im Laufe der Zeit mehrfach erweitert, bis er die heute sichtbare Gestalt angenommen hatte. Weil der Stupa I mit seiner Halbkugel im Durchmesser von 32 Metern der größte war, heißt er auch „Großer Stupa".

Der Körper des Stupa besteht aus einer Halbkugel (*anda* oder *garbha*), die auf einem runden Unterbau (*medhi*) ruht. Aus der Halbkugel ragt eine mit drei runden Schirmen versehene Säule (*chatra*) hervor, die ihrerseits von einem viereckigen Steinzaun (*vedika*) umgeben ist. Dieser Aufbau kann auch die Form eines von mehreren Platten überdachten Kastens (*harmika*) annehmen. Die Halbkugel symbolisiert das Weltei und die Säule den Weltenberg oder die Weltachse, während die drei Schirme die drei Juwelen, den Buddha, den Dharma und den Sangha, versinnbildlichen. Das gesamte Monument, das als ein Abbild des Kosmos und des Erleuchtungswegs verstanden wird, ist von einem großen steinernen Zaun (*vedika*) eingefasst, der den heiligen Raum gegenüber dem weltlichen abgrenzt. Vier Tore (*torana*) im äußeren Zaun öffnen sich zu den vier Himmelsrichtungen und laden die Gläubigen ein, das Heiligtum auf dem Prozessionspfad (*pradakshinapatha*) zu umrunden, der über vier Treppen von der Basis aus zu erreichen ist. Geborgen in wertvollen Behältnissen, die nicht selten selbst in Form eines Stupa gestaltet sind, können die Reliquien an verschiedenen Orten des Bauwerkes ihre letzte Ruhestätte finden.

Der Stupabau selbst ist sehr schlicht gehalten, da er das Parinirvana des Buddha Shakyamuni symbolisiert, also einen Zustand, der sich allen Worten und Bildern entzieht. Umso reicher sind die Stupazäune und -tore von Sanchi und von Bharhut dekoriert. In Stein gemeißelte Erzählungen bringen dem Betrachter Szenen aus den früheren Leben des Buddha nahe und erwecken göttliche Wesen des indischen Volksglaubens zum Leben.

Der Grundtyp der frühen Stupas von Sanchi und Bharhut wurde im Laufe der Geschichte vielfältig variiert und gab schließlich auch den Anstoß zu dem Bau von Pagoden.

Die Innen- und Außenseiten der Tore der Stupa I von Sanchi wurden mit unterschiedlichen Reliefs versehen. Ein Blick auf die Innenseite des Nordtores zeigt, mit welchem Schwung die Künstler aus der Fülle des Lebens schöpften, und macht gleichzeitig die außerordentliche Feinheit in der Bearbeitung des Steins deutlich.

Charakteristisch für die Reliefs der Tore des Stupa I von Sanchi und den Stil der damaligen Zeit war es, den zur Verfügung stehenden Raum vollständig auszufüllen. Auf dem Relief des unteren Architravs der Innenseite des Osttores wird ein weiteres Mal die enorme Bedeutung des Stupa und seiner Verehrung deutlich. Neben dem Stupa ist in Sanchi der Bodhibaum das häufigste Symbol für den Buddha Shakyamuni.

Gegenüber: *Der obere Querbalken des Osttores weist an seiner Außenseite jene sieben Stupas und Erleuchtungsbäume auf, die auch am Nordtor erscheinen. Berühmt wurde dieses Tor für seine anmutige Baumnymphe, die verführerisch in einem Mangobaum greift. Sanchi*

„Fände sich überall Wasser,
Wozu täte der Brunnen Not?
Hat man vertilgt des Dursts Wurzel,
Was ist's, das noch zu suchen bleibt?"

Das Hauptgefäß des Reliquiars enthielt zwei Dosen in Gold und Silber mit goldenen Miniaturbehältern, Goldblechrosetten, einem Bergkristallfläschchen, Perlen und Schmucksteinen. Im Buddhismus wurden neben sterblichen Überresten auch solche geweihten Beigaben als Reliquien betrachtet. Den Deckel des Hauptgefäßes krönt ein kleiner Behälter, der mit einem eigenen Deckel versehen ist. Gandhara, 20 n. Chr., Berlin, Museum für Indische Kunst

„Wo man, mein Freund, nicht geboren wird, nicht altert, nicht stirbt, kein früheres Dasein verlässt, zu keinem neuen Dasein gelangt – ein Ende der Welt, von dem solches gilt, kann durch kein Wandern erkannt, erschaut, erreicht werden: so sage ich.

Aber ich sage dir auch, Freund, daß ohne der Welt Ende zu erreichen man des Leidens Ende nicht finden mag.

Und ich lehre, Freund, daß in diesem klaftergroßen Körper, der von Bewußtsein erfüllt ist, der nach Asketenweise lebt, die Welt enthalten ist und der Welt Entstehung und der Welt Aufhebung und der Weg zur Aufhebung der Welt."

Die Schieferfigur des 2./3. Jahrhunderts n. Chr. stammt aus dem Kloster Takht-i-Bahi in Gandhara, dem heutigen Pakistan. Die abgebrochene rechte Hand war wahrscheinlich zur Geste der Schutzgewährung erhoben, die fast alle stehenden Buddhas aufweisen. Der schlicht gehaltene Nimbus unterstreicht die vom Gesicht des Buddha ausstrahlende innere Sammlung und Stille. Berlin, Museum für Indische Kunst

In dem bedeutenden Kunstzentrum Mathura entstand diese Buddhafigur des 5. Jahrhunderts, die den klassischen Stil der Gupta-Zeit repräsentiert. Mit der linken Hand hält der Buddha einen Zipfel seines Gewandes, das seinen grazilen Körper durchscheinen lässt. Die rechte, abgebrochene Hand war vermutlich zur Geste der Schutzverheißung (abhaya-mudra) erhoben. Kalkutta, Indian Museum

Gegenüber: *Zwei Bodhisattvas begleiten den Buddha Shakyamuni. Vajrapani zu seiner Rechten verkörpert die Weisheit, Avalokiteshvara zu seiner Linken das Mitgefühl. Während Vajrapani wie ein Asket gekleidet ist, trägt Avalokiteshvara ein Prinzengewand. Einen Begleiter des Buddha als Asketen und den anderen als Prinzen zu zeigen, war seit der Kushana-Zeit in der Kunst des Mahayana eine gängige Darstellungsweise. 2. Jahrhundert n. Chr, Ahicchattra, Uttar Pradesh, Indien. Neu Delhi, National Museum*

Buddhabildnisse und Stilrichtungen

Die ersten anthropomorphen Buddhabildnisse entstanden im 1. Jahrhundert n. Chr. Ihnen wie auch den späteren Darstellungen in der gesamten buddhistischen Welt sind bestimmte Körper- und Handhaltungen eigen, deren Repertoire sich im Laufe der Zeit erweiterte. Da diese Körperhaltungen (*asana*, der „Sitz“) und Gesten (*mudra*, „Zeichen“ oder „Siegel“) eine Grundlage der buddhistischen Ikonografie bilden, sollen die wichtigsten in aller Kürze erläutert werden.

Die Gesten bringen bestimmte Wesenseigenschaften und innere Kräfte ebenso zum Ausdruck wie Aspekte der buddhistischen Lehre. Überdies deuten sie zentrale Ereignisse im letzten Leben des historischen Buddha an. Die *dhyani-mudra*, die „Geste der Meditation“, weist auf das Meditieren des Buddha und damit auf die zentrale Praxis der Buddhisten hin. In der Nacht seiner Erleuchtung wurde der Buddha von Mara heimgesucht und rief mit der *bhumisparsha-mudra*, der „Geste der Erdanrufung“, die Erde als Zeugin herbei. Die *dharmachakra-mudra*, die „Geste des In-Gang-Setzens der Lehre“, erinnert an die erste Predigt im Gazellenpark, während die *vitarka-mudra*, die „Geste der Darlegung der Lehre“, die Lehrtätigkeit des Buddha veranschaulicht. Mit der *abhaya-mudra*, der „Geste der Schutzverheißung“ oder „Geste der

Furchtlosigkeit", bringt der Buddha den Menschen Wohlwollen entgegen und gewährt ihnen Schutz und Frieden. Sein aufrichtiges Mitgefühl kommt in der *varada-mudra*, der „Geste der Barmherzigkeit", zum Ausdruck, die auch ein Geschenk und das Empfangen symbolisiert. In der Ikonografie des Mahayana-Buddhismus wurden den unterschiedlichen Buddhas und Bodhisattvas Gesten zugeordnet, die neben verschiedenen Attributen ihr Erkennungsmerkmal bilden. Darüber hinaus können die Gesten die religiöse Praxis begleiten, wie etwa eine kultische Handlung.

Hinsichtlich der Körperhaltung der Buddhabildnisse lassen sich die sitzende, stehende, liegende und schreitende Pose unterscheiden, wobei es mehrere Variationen der sitzenden Haltung gibt. Am häufigsten treten sitzende und stehende Figuren mit unterschiedlichen Gesten auf. Der schreitende Buddha wurde früher in einigen Regionen, wie etwa Thailand, bevorzugt dargestellt. Die verhältnismäßig seltenen Bildnisse des auf der Seite liegenden Buddha versinnbildlichen das Eintreten in das Parinirvana.

Nach diesem kurzen Exkurs wollen wir uns wieder Indien zuwenden, der Heimat der anthropomorphen Buddhabildnisse. Gegen Ende des 1. Jahrhunderts n. Chr. traten die beiden Kunstzentren Mathura und Gandhara hervor, die bis in das 6. Jahrhundert tätig waren. Die Kunstschule des nordwestlichen Gebietes Gandhara, das heute teilweise zu Pakistan und teilweise zu Afghanistan gehört, nahm griechische und römische Einflüsse auf, während die in Zentralindien gelegene und daher von Fremdeinflüssen weniger berührte Kunstschule von Mathura im Südosten von Delhi sich im Rahmen der heimischen indischen Tradition entfaltete.

In Gandhara wurden zur Herstellung der Buddhastatuen zuerst grauer Schiefer und später auch Stuck und Terrakotta verwendet. Ein typisches Merkmal der zumeist großen Skulpturen dieser Region ist das einer Toga ähnelnde Gewand, das

Im ersten vorchristlichen Jahrhundert blühte das buddhistische monastische Leben in Sanchi ebenso wie der Bau heiliger Monumente, der von Laiengläubigen unterstützt wurde. Über Jahrhunderte hinweg wurden hier Kultbilder angefertigt, die mittels bestimmter Gesten und Körperhaltungen an zentrale Ereignisse im Leben des Buddha Shakyamuni erinnern und wichtige Aspekte der buddhistischen Lehre vor Augen führen. So die weist der Buddha aus Sanchi durch die Geste der Meditation (dhyana-mudra) auf die wesentliche Praxis der inneren Sammlung hin.

Gegenüber: *Die schlicht gehaltene Skulptur zeigt den Buddha Shakyamuni, der die rechte Hand zur Geste der Schutzverheißung (abhaya-mudra) erhoben hat und die linke Hand in der Geste der Meditation (dhyana-mudra) ruhen lässt. In der Mitte des Sockels befindet sich das Rad der Lehre, das Hauptsymbol der buddhistischen Religion. Ca. 429 n. Chr., Uttar Pradesh. Neu Delhi, National Museum*

„*Wer die Lehre sieht, (...) der sieht mich, und wer mich sieht, der sieht die Lehre.*“

Gegenüber: *Da der Buddhismus im Osten Indiens besonders lange bewahrt wurde, stammen die spätesten Kultfiguren aus Bengalen und Bihar. Das Bildnis des 10. Jahrhunderts aus Bihar ist ein Beispiel für die Kunst der Pala-Periode, die den sitzenden Buddha Shakyamuni vorwiegend mit der Geste der Erdanrufung (bhumisparsha-mudra) zeigte. Neu Delhi, National Museum*

Folgende Doppelseite: *Ohne eine der festgelegten Gesten auszuführen steht der Buddha unter einem Baum und wendet sich mit sanftem Lächeln dem Betrachter zu, während der wesentlich kleiner dargestellte Adorant seine ganze Aufmerksamkeit auf den Erleuchteten richtet. Welcher Buddha hier dargestellt wird, kann nicht eindeutig festgestellt werden. Es könnte sich um den historisch fassbaren Buddha handeln, aber auch um einen Buddha der Vorzeit. 2. Hälfte des 9. Jahrhunderts, Bihar, Indien. Berlin, Museum für Indische Kunst (Seite 128) Die Hauptfigur der Kultstele stellt den Buddha Shakyamuni dar, um den herum acht Ereignisse seines Lebens gezeigt werden (von unten im Uhrzeigersinn): (1) der Buddha im Schutz des Schlangenkönigs Muchalinda, (2) Die Geburt, (3) Herabkunft auf die Erde, (4) erste Predigt, (5) Eintritt in das Parinirvana, (6) Bekehrung einer anderen Religionsgemeinschaft, (7) Unterwerfung des Elefanten Nalagiri, (8) Erhalt der Honigspende eines Affen. Bihar, Region um Nalanda, 10./11. Jahrhundert. Berlin, Museum für Indische Kunst (Seite 129)*

beide Schultern bedeckt und sich faltenreich an den Körper schmiegt. Der hellenistische Einfluss macht sich außerdem in den Profilen der Gesichter sowie in einer kräftigen Zeichnung des Mundes bemerkbar. Die ersten Buddhaskulpturen kennzeichnet eine Weltzugewandtheit, die jedoch allmählich einem mehr verinnerlichten Ausdruck Platz macht. Typisch für die Kunst Gandharas sind außerdem narrative Reliefs mit Szenen aus dem Leben des Buddha Shakyamuni sowie äußerst realistische Darstellungen, wie etwa die des völlig abgemagerten Asketen Siddhartha.

Die Ursprünge der Kunstschule von Mathura, die sich der hinduistischen, jainistischen und buddhistischen Kunst widmete, reichen bis in das 3. Jahrhundert v. Chr. zurück. Als in Mathura die ersten Buddhastatuen angefertigt wurden, blühte das religiöse, kulturelle und künstlerische Leben in voller Pracht, und mannigfaltige Heiligtümer und Klöster schmückten die Stadt und ihre Umgebung. Als Material für vollplastische Darstellungen diente rötlicher Sandstein aus nahe gelegenen Steinbrüchen. Die Buddhabildnisse von Mathura mit ihren breiten Schultern und der kräftigen Statur ähneln stilistisch den früheren Yaksha-Figuren dieser Schule. Ebenso charakteristisch ist das mit nur wenigen Falten versehene Gewand, das die Körperkonturen durchscheinen und die rechte Schulter frei lässt. Die klare Gestaltung erweckt den Eindruck von Erdverbundenheit und Weltzugewandtheit, die durch die Geste der Schutzverheißung noch unterstrichen wird. Der historische Buddha erscheint häufig auf einem Löwenthron, da der Löwe eine königliche Stellung symbolisiert und die erste Predigt des Buddha mit dem Gebrüll eines Löwen verglichen wird. Weitere charakteristische Merkmale der Buddhafiguren sind die Symbole an Hand- und Fußflächen, wie beispielsweise das Rad der Lehre. Die Schulen von Gandhara und Mathura bestanden zwar unabhängig voneinander, aber sie beeinflussten sich auch gegenseitig. Daher gingen einzelne Stilelemente der einen Schule auf die andere über.

Eine dritte wichtige Kunststätte, die im 2./3. Jahrhundert ihre Blüte erlebte und ebenso wie Mathura in der hinduistisch-indischen Tradition wurzelte, war Amaravati im Süden des Landes. Unweit von Amaravati befand sich Nagarjunakonda, ein religiöses Zentrum von großer Anziehungskraft. Dort lebte in 2. Jahrhundert n. Chr. der Philosoph Nagarjuna, der die einflussreiche Mahayana-Tradition des „Mittleren Weges“, die Madhyamika-Schule, begründet hatte. Die Plastiken von Amaravati und Nagarjunakonda zeichnen sich durch eine greifbare Körperlichkeit ebenso aus wie durch die eher bewegten Haltungen der Figuren, die in einigen Fällen tänzerisch anmuten. Amaravati machte sich

Die Höhlentempel von Elura (Ellora), Westindien, entstanden zwischen dem 5. und 9. Jahrhundert. Zwölf der 34 Tempel sind buddhistisch, 17 hinduistisch und fünf jainistisch. Das Bild zeigt die ältesten buddhistischen Höhlentempel, die aus der Gupta-Zeit stammen. Zahlreiche Statuen des Mahayana-Buddhismus schmücken das Innere der Tempel. Wandmalereien sind dagegen kaum noch erhalten.

auch einen Namen in der Reliefkunst, die durch Dynamik und große Ausdruckskraft glänzt.

Mit dem Aufkommen des Mahayana wandelte sich die buddhistische Kunst inhaltlich, und neben dem historischen Buddha gewannen nun auch andere Buddhas sowie Bodhisattvas eine Gestalt. Im Laufe der Zeit übernahmen die verschiedenen Schulen voneinander bestimmte Stilelemente, so dass sich die Stile vermischten. Eine Einheitlichkeit und den Höhepunkt ihres Schaffens erreichte die Kunst während der friedlichen Gupta-Zeit (320-650). In Mathura und Sarnath bei Benares entstanden meisterhafte Buddhaskulpturen von einer ausgeprägten Feinheit, Leichtigkeit und Ver-

innerlichung. Die schlichte Darstellung des wohlproportionierten Körpers, der von einem beinahe faltenlosen Gewand umhüllt ist, lenkt die Aufmerksamkeit des Betrachters auf den ruhigen Gesichtsausdruck und auf die Geste, das Sinnbild für einen Aspekt des buddhistischen Glaubens. Ein weiteres Merkmal dieser Zeit sind die mit zartem Blütenwerk dekorierten Kopfnimbusse. Die Darstellungsweise der Buddhafiguren, die sich während der Gupta-Zeit entfaltete, diente vielen anderen asiatischen Ländern als Vorbild.

Unter den toleranten Herrschern dieser Dynastie gewann der Hinduismus wieder zunehmend an Bedeutung. Als die Gupta gestürzt wurden und in

Da die Höhle Nr. 12 von Elura (Ellora) drei Stockwerke umfasst, wird sie Tin-Thal genannt, was „dreigeschossig" bedeutet. Die Plastiken dieser Höhle umspannen die gesamte Ikonografie des Mahayana. An der linken Wand des Obergeschosses befinden sich Bildnisse der Manushi-Buddhas aus dem späten 7. oder frühen 8. Jahrhundert n. Chr. Manushi-Buddhas sind jene menschlichen Buddhas, die in unserem Weltzeitalter dem Buddha Shakyamuni vorangegangen sind.

Gegenüber: *Im Schrein der Höhle Nr. 10 thront, in den Felsen gemeißelt, der Buddha Shakyamuni. Seine Hände hat er vor der Brust zur Geste des Ingangsetzens des Rads der Lehre (dharmachakra-mudra) zusammengeführt. Diese Handhaltung symbolisiert die erste Lehrrede des Buddha in Sarnath. Ajanta, 6. Jahrhundert*

Folgende Doppelseite: *Um eine Biegung des Waghora-Flusses in Westindien reihen sich die 29 Höhlen von Ajanta aneinander, die zusammen ein großes buddhistisches Kloster bilden. Die ersten fünf Höhlen wurden zwischen dem 2. Jahrhundert v. Chr. und dem 1. Jahrhundert n. Chr. errichtet und sind dem Theravada verpflichtet. Eine zweite Bauphase begann im 5. Jahrhundert n. Chr. und dauerte bis etwa 650 n. Chr. an. Die Höhlen dieser Zeit spiegeln das Mahayana wider.*

ganz Indien mächtige Königreiche entstanden, verblasste der Buddhismus immer mehr und erlebte mit dem Einzug des Islam schließlich seinen völligen Niedergang. In den östlichen Königreichen Pala und Sena jedoch wurde der Buddhismus vom 8. bis zum 13. Jahrhundert weiterhin gepflegt. Zwar bestanden keine großen Kunstzentren mehr wie Mathura, Gandhara oder Amaravati. Doch in kleineren Enklaven fuhren die Künstler rege fort, Buddhastatuen zu schaffen. Sie blieben im Wesentlichen dem Gupta-Stil treu, konnten aber ihre Werke nicht mehr völlig mit derselben tiefgründigen Ausdruckskraft beleben.

Seit dem 6. Jahrhundert übte auch das Vajrayana, das „Fahrzeug des Diamantzepters“, auf die buddhistische Kunst entscheidenden Einfluss aus. Diese esoterische Schulrichtung entstand im 3. Jahrhundert in Nordost- und Nordwestindien auf der Basis des Mahayana, formierte sich im 6. Jahrhundert und gelangte im 8. Jahrhundert nach Tibet und China. (s. Kapitel 4) Entsprechend seiner Lehre und Praxis entwickelte das Vajrayana eigene künstlerische Formen und eine große Vorliebe für reiche Ausschmückungen der Skulpturen. Das umfassend erweiterte Pantheon spiegelte sich in Darstellungen vielfältiger Buddhas, Bodhisattvas und Götter sowie dämonischer und feengleicher Wesen wider. Die komplexen Plastiken und Malereien wendeten sich nachdrücklich dem Überweltlichen zu und bezogen dabei einen großen Reichtum an Symbolen mit ein. Trotz dieser Fülle erleuchteter und himmlischer Wesen blieb der Buddha Shakyamuni weiterhin ein wichtiges Thema der religiösen Kunst.

Das Höhlenkloster von Ajanta

Wie die Bildhauerei so hat auch die indische Malerei bedeutende Kunstschätze hervorgebracht. Während heute einzelne Gemälde leider kaum mehr erhalten sind, konnten die eindrucksvollen Wandmalereien einiger Höhlenklöster die Jahrhunderte überdauern. Schon zur Zeit des Buddha Shakyamuni boten abgeschiedene Höhlen einzelnen Mönchen die ideale Umgebung zur Meditation und auch den notwendigen Unterschlupf während der Regenzeit. Als sich die Mönche später in Gemeinschaften zusammenschlossen, errichteten sie Klosteranlagen, die sie dauerhaft bewohnten. Neben frei stehenden Gebäuden gab es zahlreiche in den Fels geschlagene Höhlenklöster, deren Grotten mit Malereien, Plastiken und Reliefs prachtvoll ausgestattet wurden. Die gut erhaltenen Wandmalereien des Felsenklosters bei Ajanta zählen zu den bedeutendsten Hinterlassenschaften der buddhistischen Malerei in Indien. Die Bilder an den Wänden und Decken der 29 Höhlen von Ajanta greifen weitgehend religiöse Themen auf, zeichnen mancherorts

„Wie wäre es denn möglich, Ananda, daß was geboren, geworden, gestaltet, der Auflösung untertan ist, sich nicht auflöste?"

Die frühen Höhlen Nr. 9 und Nr. 10 sind Chaitya-Hallen, Versammlungs- und Meditationshallen, die einen Stupa als Hauptkultobjekt bergen. Höhle Nr. 10, 2. Jahrhundert v. Chr., Ajanta

„Wie wenn, ihr Mönche, dieser Gangesstrom eine große Schaummasse mit sich führte; die sähe ein Mann mit scharfem Auge an, dächte darüber nach und prüfte sie gründlich – und wenn er sie ansieht, nachdenkt, und sie gründlich prüft, erscheint sie ihm leer und nichtig und ohne Kern, denn was für ein Kern, ihr Mönche, hätte wohl eine Schaummasse? –

Ebenso, ihr Mönche, steht es mit aller Körperlichkeit, die es nur immer geben mag, vergangener, künftiger, gegenwärtiger, in uns oder außerhalb, stark oder zart, gering oder hoch, in Ferne oder Nähe: die sieht der Mönch an, denkt über sie nach und prüft sie gründlich. Und wenn er sie ansieht, nachdenkt und sie gründlich prüft, erscheint sie ihm leer und nichtig und ohne Kern: Denn was für einen Kern, ihr Mönche, hätte wohl die Körperlichkeit?"

Gegenüber: *Die Fassade der Höhle Nr. 9 von Ajanta ist mit zahlreichen Kultfiguren geschmückt. Während die Höhle bereits im 2. Jahrhundert v. Chr. in den Fels geschlagen wurde, stammt das Bildnis des Buddha Shakyamuni mit der Geste der Schutzverheißung (abhaya-mudra) aus späterer Zeit.*

Die Höhle Nr. 10, eine Chaitya-Halle, gehört zu den frühen Höhlen von Ajanta. Sie entstand im 2. Jahrhundert v. Chr., während die Malerei an Säule und Architrav aus dem 6. Jahrhundert n. Chr. stammt und über einem bereits existierenden Gemälde angebracht worden sein muss.

Gegenüber: *Die Höhle Nr. 10 aus dem 2. Jahrhundert v. Chr. gehört zu den frühen Höhlen, deren Kunst im Einklang mit den Lehren des Theravada stand. Da während dieser Zeit der Buddha nur symbolisch dargestellt wurde, waren seine Vorgeburtsgeschichten zentrale Themen der Wandmalereien. Ausschnitt aus einem Wandgemälde, Ajanta*

Folgend Doppelseite:
Die Höhle Nr. 2 aus dem 5./6. Jahrhundert n. Chr. besteht aus einer Haupthalle, an die zehn Mönchszellen und mehrere Heiligtümer angegliedert sind. Wie die Höhle Nr. 1, so ist auch diese Höhle besonders schön bemalt. Sie enthält mehrere Darstellungen, die auf das Wunder von Shravasti Bezug nehmen, bei dem sich der Buddha Shakyamuni gleichzeitig in mehreren Gestalten manifestierte. Ajanta

Gegenüber: *König Mahajanakas Wunsch, sich dem religiösen Leben zu widmen, war so stark, dass ihn nichts davon abhalten konnte. Er ritt aus dem Palast und ließ für immer sein bisheriges Leben hinter sich. Ajanta, Höhle Nr. 1, 5./6. Jahrhundert n. Chr.*

aber auch lebhafte Porträts des höfischen und städtischen Lebens. Während die ältesten Malereien aus dem 1. Jahrhundert v. Chr. stammen und somit das frühe buddhistische Gedankengut reflektieren, entstand die Mehrzahl der Gemälde im 5./6. Jahrhundert n. Chr. und führt daher die Welt des Mahayana vor Augen. Die Kunstwerke von Ajanta liefern ein eindrucksvolles Bild einer beinahe tausendjährigen Periode buddhistischer Kunstgeschichte. Da die Gemälde wie die bildhauerischen Werke überwiegend aus der Zeit der Gupta stammen, offenbaren sie zudem die hohe Blüte dieser Kunst, die sich durch große Schönheit und tiefen religiösen Feinsinn auszeichnet.

Zahlreiche Wandgemälde in den Grotten von Ajanta haben die Vorgeburtsgeschichten des Buddha Shakyamuni zum Thema. Die Mahajanaka-Vorgeburtsgeschichte erzählt vom Bodhisattva in Gestalt des Königs Mahajanaka, der sein luxuriöses Leben aufgab, um Asket zu werden. Der Königin brach das Herz, und sie versuchte, ihren Mann zum Bleiben zu bewegen. Hier wird gezeigt, wie der König und die Königin im Palast einer von der Königin arrangierten Tanzaufführung beiwohnen. Höhle Nr. 1, 5./6. Jahrhundert n. Chr.

Folgende Doppelseite: *Bevor König Mahajanaka die gelbe Robe anlegte, empfing er ein rituelles Bad als Zeichen dafür, dass er sich endgültig entschlossen hatte, sein weltliches Leben aufzugeben. Die Szene ist sehr natürlich dargestellt, und dem Künstler ist es gelungen, jeder Person einen ganz eigenen Ausdruck zu verleihen und gleichzeitig die Hauptperson in den Mittelpunkt der Betrachtung zu rücken. Ajanta, Höhle Nr. 1, 5./6. Jahrhundert n. Chr.*

Die wunderschönen Deckenmalereien in der Höhle Nr. 1 von Ajanta sind sehr kunstfertig und detailliert ausgeführt. Hier widmeten sich die Künstler nicht den religiösen Themen, sondern gaben die Tier- und Pflanzenwelt der damaligen Zeit wieder und fingen in prächtigen Farben auch mythische Gestalten und Falbenwesen ein. 6. Jahrhundert n. Chr.

Gegenüber: *Die Darstellung des Vajrapani ist ein herausragendes Gemälde von Ajanta. In der Krone des Bodhisattva befindet sich eine unvollständig erhaltene Figur, die nicht identifiziert werden konnte. Sie wäre jedoch für das Verständnis der buddhistischen Ikonografie bedeutsam, da dieses Bild das früheste Beispiel für einen Bodhisattva mit einer Figur in der Krone ist. Ajanta, Höhle Nr. 1, spätes 5. Jahrhundert*

Sri Lanka
In enger Verbindung zum Buddha

Im 3. Jahrhundert v. Chr. wurde in dem buddhistischen Zentrum und der damaligen Hauptstadt Anuradhapura ein Ableger des indischen Bodhibaumes gepflanzt. Auch heute noch pilgern fromme Buddhisten zu diesem Heiligtum.

Buddhas Zahn und der Erleuchtungsbaum

Die frühe Verbreitung der buddhistischen Religion und Kunst außerhalb Indiens geht auf Mönche zurück, die als Missionare ausgesandt wurden und neben heiligen Schriften auch kleinere Kunstobjekte in ihrem Gepäck hatten. Später begaben sich Pilgermönche verschiedener Länder nach Indien, um dort auf den Spuren Buddhas zu wandeln und heilige Stätten zu besuchen. Neben einigen wenigen originalen Kunstwerken brachten sie zahlreiche Zeichnungen sakraler Objekte und Bauten mit in ihre Heimat. Auch gaben sie mündlich genaue Eindrücke und Beschreibungen dessen wider, was sie auf ihrer Reise gesehen hatten. Ebenso holte

Höhlen wie diese im Sigiriya-Felsen in Sri Lanka boten einst den Mönchen eine schützende Unterkunft. Auch galten sie ihnen als ideale Orte der Meditation. Doch sehr bald zogen sich nur noch wenige Mönche in die Einsamkeit zurück. Die meisten lebten in Klöstern und übernahmen wichtige Aufgaben in der Gesellschaft.

man Künstler aus Indien, die vor Ort Heiligtümer errichteten, Kultobjekte anfertigten und ihre Fertigkeiten weitergaben. So bildete sich in den Nachbarstaaten Indiens und schließlich in ganz Asien allmählich eine buddhistische Kunst heraus, die sich in ihrer Anfangsphase mehr oder weniger stark an indischen Vorbildern orientierte, im Laufe ihrer Entfaltung jedoch zunehmend eine regional typische Eigenständigkeit gewann.

Die erste Region außerhalb Indiens, die sich zum Buddhismus bekannte, war Sri Lanka (Ceylon). Legenden aus Sri Lanka erzählen davon, dass der Buddha Shakyamuni dreimal die Insel aufgesucht habe. Zwar lassen sich diese Besuche nicht bele-

Vom 11. bis 13. Jahrhundert war Polonnaruwa die Hauptstadt Sri Lankas. In dieser Zeit wurde der Theravada-Buddhismus als verbindliche Lehre anerkannt und konnte sich bis heute in fast ungebrochener Tradition fortsetzen. Hier ist der Eingang zu einem Felsentempel in Polonnaruwa zu sehen.

Folgende Doppelseite: *Von den buddhistischen Statuen Polonnaruwas erfreut sich ein Bildnis besonderer Berühmtheit: der 14 Meter lange liegende Buddha aus dem 12. Jahrhundert. Bei der Herstellung dieser Skulptur ließen sich die Künstler von der indischen Kunst der Gupta-Zeit inspirieren. Gal Vihara, Sri Lanka*

gen, aber der Glaube an sie bringt etwas für den Buddhismus in Sri Lanka Charakteristisches zum Ausdruck, nämlich die innige und lebendige Beziehung der Gläubigen zu ihrem Religionsstifter. Diese zeigt sich auch in der hohen Wertschätzung der Reliquien des Erleuchteten. So verehren die Singhalesen mit ganzem Herzen den einen Zahn des Buddha, der in dem Tempel Dalada Maligawa in Kandy aufbewahrt wird.

Ebenso heilig ist ihnen der Bodhibaum. Als nämlich der Überlieferung nach der König Devanampiyatissa von Sri Lanka im 3. Jahrhundert v. Chr. durch Ashokas Sohn, dem Mönch und Missionar Mihanda, zum Buddhismus bekehrt wurde, bekam er einen Ableger jenes Pappelfeigenbaum zum Geschenk, unter dem einst der historische Buddha die Erleuchtung erlangt hatte. Er pflanzte ihn in der alten Hauptstadt Anuradhapura ein, die durch den Bodhibaum zu einem bedeutenden Pilgerzentrum Sri Lankas wurde. Samen oder Ableger dieses Baumes oder seiner Abkömmlinge fanden im Laufe der Geschichte mehrfach den Weg zurück nach Indien, wo sie nach Zerstörung des ursprünglichen Erleuchtungsbaumes wieder eingepflanzt wurden.

Der Baumkult ist ein wichtiges Element im singhalesischen Buddhismus und fand in Form des Bodhighara auch Eingang in die Kunst. Der Bodhighara ist ein nach oben hin offener Schrein, der um einen Erleuchtungsbaum herum gebaut wird und den lebendigen Baum selbst in das Zentrum der Verehrung rückt. Der Pappelfeigenbaum gilt als das Hauptsymbol der Erleuchtung. Die Ausdruckskraft dieses Sinnbildes wird zusätzlich unterstrichen durch die vier Buddhastatuen in Meditationshaltung, die im allgemeinen im Umkreis eines solchen Schreins angeordnet sind.

Ungebrochene Tradition des Theravada

Es ist nun über 2000 Jahre her, dass sich König Devanampiyatissa völlig der neuen Religion verpflichtete und zahlreiche Klöster und Heiligtümer errichten ließ. Unter seiner Regentschaft entfaltete sich der Buddhismus zur herrschenden Religion. Der Buddhismus gelangte in der Tradition des Theravada auf die Insel, wo er bis heute – lange nach seinem Untergang in Indien – das religiöse Leben der Menschen noch immer tiefgreifend prägt.

Mahavihara war das erste große Kloster auf Sri Lanka. Es wurde zu Beginn der Verbreitung des Buddhismus in der Nähe von Anuradhapura gegründet und entwickelte sich zum religiösen Zentrum des Theravada. Die Überlieferung des Theravada verlief allerdings nicht ungestört. Als im Jahr 29 v. Chr. der buddhistische König Vattagamani das Kloster Abhayagiri gründete und seinem Schutz unterstellte, kam es zu Auseinandersetzungen zwischen den beiden Klöstern und zu einer Spaltung des Buddhismus. Denn im Abhayagiri bildeten sich Interpretationen des Buddhismus heraus, die nicht mit der im Mahavihara gepflegten orthodoxen Lehre konform gingen und Einflüsse des Mahayana zeigten. Angesichts dieser Auseinandersetzungen vollzogen die Mönche des Mahavihara die erste schriftliche Niederlegung des Pali-Kanons, des Grundlagenwerks aller buddhistischen Richtungen.

Eine Einigung der religiösen Traditionen auf Sri Lanka wurde erst wieder im 12. Jahrhundert bewirkt. König Parakkamabahu I., der in Polonnaruwa residierte, unterstellte den gesamten Orden seiner politischen Oberhoheit und legte die Tradition des Mahavihara als verbindlich fest. Der Theravada konnte sich von nun an trotz einiger Anfechtungen in einer beinahe ungebrochenen Tradition fortsetzen und war von Anbeginn eng mit dem Staatswesen und dem Alltagsleben verknüpft. Von der Lebendigkeit des Theravada zeugen heute über 5000 Klöster und etwa 20 000 Mönche.

Stupas, Mondsteine und Skulpturen

Die starke Durchdringung Sri Lankas vom Buddhismus offenbart sich auch in der Kunst. Sri Lankas Künstler schöpften ihre Inspiration aus der indischen Kunst, doch sie führten auch Neuerungen ein. So orientierten sie sich bei der Errichtung von Stupas an berühmten indischen Vorbildern, vergrößerten jedoch den halbkugeligen Bau oder gaben ihm eine glockenförmige Gestalt und bauten auch die auf ihm ruhende Säule aus. Sie errichteten monumentale Steintreppen, die zum Stupa emporführten, und versahen diese mit Mondsteinen. Der Zaun um den Stupa mit seinen Toren entfiel und damit auch der reiche Reliefschmuck. Die Stupas in Sri Lanka, die „Dagoba" genannt werden, erscheinen schlichter und klarer als die Bauwerke indischer Provenienz. Sie vermitteln den Eindruck einer festen Verankerung in der Erde, während sie gleichzeitig in den Himmel aufstreben.

Ebenso charakteristisch für die Architektur Sri Lankas waren Tempel, die in Anlehnung an das

Da auf Sri Lanka der Theravada-Buddhismus vorherrscht, zeigen die Plastiken vorwiegend den Buddha Shakyamuni. Die Bildhauer versuchten seit jeher, den Sinn des Betrachters auf das Wesentliche zu lenken und hielten ihre Bildnisse daher einfach und schmucklos. Die Statue aus Kalutara spiegelt dieses Bestreben wider.

erste Baumheiligtum in Anuradhapura konstruiert wurden und einige große Stupas kreisförmig umschlossen. Diese Steinpfeilerhallen sind heute nur noch bruchstückhaft erhalten, wie etwa Überreste von Säulen eines Tempels in Polonnaruwa.

Mit den Mondsteinen nahm die Reliefkunst Sri Lankas eine ganz eigene Entwicklung. Mondsteine sind kunstfertig gearbeitete halbrunde Steine mit einem symbolischen, ornamentalen Bildprogramm. Sie schmücken die Eingänge zu buddhistischen Tempeln und markieren – am Fuß der Treppe angebracht – den Übergang von der profanen zur sakralen Welt. Die symbolische Bedeutung ihrer halbrunden Form beruht auf der Vorstellung, dass die andere Hälfte des Kreises verdeckt unter der Treppe liegt. Ebendieses nicht Sichtbare verweist auf jenen tiefen Bereich der menschlichen Existenz, der sich der gewöhnlichen sinnlichen Wahrnehmung entzieht. Die Mondsteine sind reich mit Motiven aus der Tier- und Pflanzenwelt dekoriert. In konzentrisch angeordneten Halbkreisen erscheinen beispielsweise Elefanten, Löwen und Kühe, Blumen, Weinreben und Blätter oder auch Schwäne mit einer Lotosblüte im Schnabel. Einer Erzählung über ein früheres Leben des historischen Buddha zufolge trennen nämlich die Schwäne die Sahne von der Milch und stehen daher für die Fähigkeit des Menschen, Gutes von Bösem zu unterscheiden.

Die buddhistische Plastik Sri Lankas hat sich über Jahrhunderte fast unverändert erhalten. Sie weist deutliche Einflüsse der Kunst von Amaravati sowie der Gupta-Zeit auf und widmet sich hauptsächlich der Darstellung des Buddha Shakyamuni, der vorwiegend in der Meditationshaltung erscheint. Eine berühmte liegende Statue ist die 14 Meter lange Buddhafigur in Polonnaruwa, die im 12. Jahrhundert aus dem Felsen gemeißelt wurde und den Erleuchteten bei seinem Übergang in das Parinirvana zeigt. Ebenfalls als Großskulptur wurde die Figur des berühmten Buddhaschülers Ananda gestaltet, der in tiefer Trauer neben dem Erleuchteten steht. Beide Gestalten kennzeichnet jener gesammelte Ernst, der für die Kunst des Theravada charakteristisch ist.

Seien es Bauwerke, Skulpturen oder Gemälde, alle buddhistischen Kunstwerke Sri Lankas spiegeln das Streben des Theravada wider, den ursprünglichen Kern des Buddhismus zu bewahren. Ihnen ist eine Klarheit und Einfachheit zu Eigen, die relativ wenige Ausschmückungen aufweist und daher zuweilen streng anmuten kann. Doch diese Geradlinigkeit vermag im Betrachter den Sinn für das Wesentliche zu wecken und ihn grundlegender Werte des religiösen Weges innewerden zu lassen, wie der Güte der meditativen Praxis oder der Tugend der Bescheidenheit.

Gegenüber und folgende Doppelseite:
Sigiriya diente nicht nur Mönchen als Zufluchtsort, sondern war im 5. Jahrhundert für kurze Zeit Standort einer wunderschönen Königsresidenz. Der Palast ist heute nicht mehr erhalten, wohl aber einige buddhistische Grotten sowie die bezaubernden Fresken der Wolkenmädchen von Sigiriya. Die Wandmalereien stellen Apsaras dar, jene himmlischen Wesen, die etwa den Engeln der christlichen Tradition entsprechen und häufig buddhistische oder brahmanische Tempel schmücken. Sri Lanka

Myanmar
Land der Pagoden

Der goldene Felsen mit der Kyaikhtiyo-Pagode aus dem 11. Jahrhundert n. Chr. ist ein beliebtes Pilgerziel Myanmars. Einer Legende zufolge wird der scheinbar überhängende Felsen von nur einem Haar des Buddha gehalten.

Gegenüber: *In der Malerei waren Szenen aus dem Leben des Buddha Shakyamuni ein beliebtes Thema. Der Ausschnitt aus einem Wandgemälde auf der Südwand des Lokahteikpan-Tempels zeigt einen Schüler des Buddha, der seine ganze Aufmerksamkeit auf den Lehrer richtet. 12. Jahrhundert n. Chr, Pagan*

Religion und Kunst

In kaum einem Land fällt der Buddhismus so unmittelbar ins Auge wie in Myanmar (Birma, Burma), dem Land der Stupas oder der Pagoden, wie sie in der westlichen Literatur häufig genannt werden. Würdevoll präsentieren die tausenden, zum Teil vergoldeten Heiligtümer dem Betrachter ihre grazile Schönheit, die sie reichen Verzierungen, bezinnten Brüstungen und einer schlanken, kegelförmigen Bekrönung verdanken.

Den Chroniken Sri Lankas zufolge gelangte der Buddhismus bereits im dritten vorchristlichen Jahrhundert nach Myanmar, und zwar durch Abgesandte Ashokas. Wie in vielen anderen Ländern so

Um die Bedeutung des Buddha Shakyamuni noch zu unterstreichen, fertigten die Künstler häufig Großskulpturen an. Die 27 Meter lange Figur des liegenden Buddha nimmt so viel Raum des Manuha ein, dass nur wenige Gläubige in dem Tempel Platz haben. Mitte 11. Jahrhundert, Pagan

Gegenüber: *Wie in allen Ländern des Theravada so steht auch in Myanmar der Buddha Shakyamuni im Mittelpunkt der religiösen Verehrung. Das Buddhabildnis befindet sich im Upalithein-Tempel in Pagan, der im 13. Jahrhundert n. Chr. entstand und im 18./19. Jahrhundert umgebaut wurde. Shakyamuni wird mit der Geste der Erdanrufung (bhumisparshamudra) gezeigt, der die Kunst Myanmars besondere Beachtung schenkt.*

Überall in Myanmar sind Zeugnisse früherer Klosteranlagen anzutreffen. Das alte Klostergebäude aus Pagan weist die typischen dicken Mauern auf, hinter denen die Mönche die geeignete Atmosphäre für ihre Meditation fanden. Einige bedeutende Klöster und Tempel bergen wahre Schätze der buddhistischen Malerei und Plastik.

Der weiße Ananada mit vergoldetem Shikhara ist ein Meisterwerk der Architektur und einer der größten Tempel Pagans. Er misst 88 Meter in der Länge und 52 Meter in der Breite und wurde im 12. Jahrhundert errichtet.

*„Seid ohne Unterlaß wachsam,
Geht in Tugend den rechten Pfad.
Wohlgesammelt, entschlusskräftig
Behütet, Jünger, euren Geist.“*

umwebt auch hier eine Legende den Beginn der neuen Religion mit einer wundersamen Begebenheit. Es heißt, dass die Mönche, die aus Indien kamen, mit magischen Kräften begabt gewesen seien und diese nutzen, um einen grausamen weiblichen Dämon zu vertreiben, der die neugeborenen Söhne Myanmars verschlang. Wie von einer Last befreit und tief beeindruckt von dieser Wundertat, trat der König sogleich zum Buddhismus über und mit ihm viele seiner Untertanen.

Von den verschiedenen Volksgruppen in Myanmar wandten sich damals die im Süden und in den Bergregionen lebenden Mon vorsichtig dem Buddhismus zu, doch es sollte noch mehrere Jahrhunderte dauern, bis sie diese Religion in ihre Lebenswelt einbezogen. Vom 3. Jahrhundert n. Chr. an wanderten Birmanen aus dem östlich von Tibet gelegenen Bergland in die Ebene des Irrawaddy ein. Als sie im Jahr 1044 das Reich von Pagan gründeten, führte der von einem Mönch bekehrte König Anoratha (1044–1077) den Theravada in Pagan ein. Doch Anoratha standen weder heilige Schriften noch Kultfiguren oder Reliquien zur Verfügung, auf die sich das religiöse Leben hätte gründen können. In ihren Besitz kam er erst dreizehn Jahre später, als er den Mon-König gefangen nahm und von seinem Feldzug neben Texten auch Mönche und Handwerker mit in sein Reich brachte.

Folgende Doppelseite: *In den Mittelpfeiler des Ananda-Tempels sind vier, den Himmelsrichtungen zugewandte Nischen eingelassen, in denen sich jeweils eine 12 Meter hohe Buddhastatue befindet: Shakyamuni im Norden, Kakusandha im Osten, Konagama im Süden und Kassapa im Westen. Sie gehören zu jenen Buddhas, die in unserem Weltzeitalter auf der Erde erschienen sind. Die Abbildungen zeigen von links nach rechts Kassapa, Gautama, Konagama, Kakusandha. Pagan*

Links: *Der aus Holz geschnitzte, lackierte Buddha Shakyamuni aus dem 18./19. Jahrhundert weist Einflüsse der Shan-Kunst auf, die sich in dem beinahe faltenlosen Gewand, der schlanken Taille und dem Stil des Schädelwulstes zeigen. Vermutlich ist diese Statue eher ein Produkt der Volkskunst als die Schöpfung eines bedeutenden Bildhauers. Die drei Elefanten, die den Thron des Buddha tragen, symbolisieren Stärke und Schutz. Myanmar*

Rechts: *Der Buddha Shakyamuni auf einem doppelten Lotosthron kann ebenfalls dem Shan-Stil zugeordnet werden. Er wurde im 19. Jahrhundert in der Trockenlacktechnik angefertigt. Als Symbol für die Weisheit krönt ihn eine goldene Knospe oder stilisierte Flamme. Die langen Ohrläppchen gehen auf seine jungen Jahre zurück, in denen er als Sohn des Raja von Kapilavastu prächtige Ohrgehänge trug. Feine Züge prägen das Gesicht des Buddha, das ein mildes Lächeln und Sanftmut ausstrahlt. Myanmar*

In der folgenden Zeit entfaltete sich die buddhistische Kunst in unglaublicher Pracht. Pagan war berühmt für seine tausende von Stupas und Tempeln und ebenso für wertvolle vergoldete und mit Edelsteinen verzierte Skulpturen. Leider wurden die Schätze zum großen Teil von den Mongolen zerstört, die am Ende des 13. Jahrhunderts weite Teile Myanmars unterwarfen und damit dem Pagan-Reich ein Ende bereiteten. Unter der Mon-Herrschaft im 15. und 16. Jahrhunderts wurde der Buddhismus erneut sehr gefördert, und so erlebte die Kunst ihre zweite Blüte, die sich in bedeutenden Werken der Malerei, Architektur, Plastik und Holzschnitzerei äußerte.

Obgleich auch Lehren des Mahayana und des Vajrayana Einzug in Myanmar hielten, setzte sich der in Sri Lanka praktizierte Theravada durch und damit die bis heute gehobene Stellung des Sangha. Die Beziehung zwischen Mönchen und Laien ist sehr eng. Viele gläubige Laien verbringen einige Wochen oder Monate im Kloster oder lassen sich von den Mönchen heilige Texte nahe bringen. Das Studium buddhistischer Schriften erfreut sich in Myanmar seit alters hoher Wertschätzung, weshalb dort die Texte besonders sorgfältig und genau tradiert wurden. Nonnen werden zwar in den Theravada-Ländern schon seit 456 nicht mehr geweiht, aber in Myanmar können Laienbekennerinnen wie Nonnen leben, indem sie mindestens zehn Gelübde auf sich nehmen, besondere Roben tragen und einer Ordensgemeinschaft beitreten.

Ein besonderes Kennzeichen des Buddhismus in Myanmar ist die Integration des einheimischen Glaubens an die Nats. Die Kulte im Zusammenhang mit diesen Natur- und Schutzgottheiten werden von Frauen ausgeführt und dienen der Stärkung des sozialen Lebens. Ein Konflikt zwischen diesen beiden Glaubensvorstellungen besteht nach buddhistischer Anschauung nicht, da die Nats als „Geister" der irdischen Sphäre zugeordnet werden, das buddhistische Ziel jedoch über diese Welt hinausgeht. So wundert es nicht, dass bildliche

Gegenüber: *Die Wandmalerei aus Pagan, Myanmar, zeigt oben im Bild den Buddha Shakyamuni mit der Geste der Erdanrufung (bhumisparsha-mudra). Seitlich wird er von Adoranten flankiert. Diese Bildfolgen aus dem 12./13. Jahrhundert stellen u. a. Szenen aus den Jatakas dar und zum Teil auch Ereignisse des letzten Lebens des Buddha Shakyamuni.*

Stupas, bzw. Pagoden sind die Wahrzeichen Myanmars und werden dort ‚Chedi' genannt. Neben den berühmten vergoldeten Monumenten wurden in Pagan auch ungeschmückte Stupas aus Backstein errichtet.

Folgende Doppelseiten:
Die Dukkhantein-Pagode wurde Ende des 16. Jahrhunderts n. Chr. im Stil einer Chaitya-Halle erbaut. In das Innere der Pagode führt ein spiralförmiger überwölbter Gang, an dessen Seiten 146 Nischen eingelassen sind, in denen sich Buddhafiguren befinden. Mrauk U, Myanmar (Seite 168-169)
Die Shittaungh-Pagode entstand im 16. Jahrhundert n. Chr. anlässlich des Sieges über die portugiesischen Eroberer, und es heißt, sie sei von etwa tausend Arbeitern in nur einem Jahr errichtet worden. Zahlreiche Steinfriese und polychrome Buddhabildnisse zieren die Gänge im Inneren des Heiligtums. Myanmar (Seite 170-171)
Der Dhammayangyi-Tempel in Pagan, Myanmar, stammt aus dem 12. Jahrhundert n. Chr. (Seite 172-172)

Darstellungen von Nats mancherorts auch in buddhistischen Tempeln zu sehen sind.

Heiligtümer und Buddhabildnisse

Stupas sind in Myanmar in solcher Fülle vorhanden, dass sie als Wahrzeichen des Landes angesehen werden. Sie erscheinen in den unterschiedlichsten Größen und Gestalten, von einfach gehaltenen bis hin zu reich verzierten Bauten. Als nationale Heiligtümer gelten der Shwezigon in Pagan und der Shwedagon in Yangon (Rangun). Der Shwezigon stammt aus dem 12. Jahrhundert und wurde im Laufe der Zeit mehrfach restauriert. Der Bau des Shwedagon begann im 14. Jahrhundert, doch seine heutige Gestalt nahm der Stupa erst im 18./19. Jahrhundert an. Auch heute noch sind der Shwezigon und der Shwedagon wichtige Pilgerziele, und da sie aufmerksam gepflegt wurden, erstrahlen die mit Blattgold verzierten Stupas immer noch in prächtigem Glanz.

Dieser Künstler aus Mandalay, Myanmar, arbeitet an einer Buddhastatue. Die Herstellung eines Kultobjektes verstehen buddhistische Künstler als einen religiösen Akt.

Höchste Verehrung wird auch dem Ananda-Tempel zuteil, den König Kyanzittha Anfang des 12. Jahrhunderts errichten ließ. Der weiße Tempel bezeugt in seiner zentrischen Architektur wie auch der künstlerischen Gestaltung vollendete Meisterschaft. Vier zwölf Meter hohe Buddhastatuen bewohnen die nach den Himmelsrichtungen ausgerichteten Nischen. Die Spitze des Tempels bildet ein großer goldener Shikhara, der den Weltenberg versinnbildlicht, während unzählige kleinere Stupas, Shikharas und Wächterfiguren das stufenweise abfallende Dach zieren. Im seinem reich geschmückten Inneren berichten über 1400 Steinplatten von der letzten Existenz des historischen Buddha und offenbaren so dem Gläubigen seine Gegenwart.

Kennzeichnend für die Tempel Myanmars ist die höhlenartige Innenkonstruktion mit tunnelartigen Gängen und von Gewölben überspannten Räumen. Das Innere der Tempel ist zumeist reich mit Wandmalereien, Skulpturen und Reliefs geschmückt, die den Buddha Shakyamuni in das Zentrum der Darstellung und Verehrung rücken. Das Äußere der Tempel dagegen zieren häufig auch Darstellungen von Menschen oder Wesen nicht-buddhistischer

Traditionen, wie die bereits oben erwähnten Nats. Gängige Materialien für die Reliefkunst waren Stuck, Sandstein und Ton, der auch glasiert wurde, und Holz. Großskulpturen fertigte man aus Ziegeln an, die verputzt und mit leuchtenden Farben bemalt wurden, während bei kleineren Statuen Ziegel, Terrakotta, Holz und zuweilen auch Bronze zum Einsatz kamen. Stein wurde eher selten verwendet. Als ein zentrales Motiv trat die Erleuchtung des Buddha, der die Erde als Zeugin anruft, hervor, wobei sich die Gesamtdarstellung auf die Geste der Erdanrufung (*bhumisparsha-mudra*) konzentrierte und diese in lebendiger Weise hervorhob.

Die Füße des Buddha spielen insofern eine große Rolle, da er, bildlich gesprochen, mit ihnen auf seinen Wanderungen den Dharma in die Welt geprägt hat. Daher sind die mit Symbolen versehenen Abdrücke seiner Füße ein häufiges Thema der buddhistischen Kunst. Die Füße des großen liegenden Buddha in Bangkok, Thailand, wurden reich verziert.

Eine Oase der Ruhe in der quirligen Millionenstadt Bangkok ist der Tempel Wat Pho, in dem mehrere hundert Mönche leben. Die Mönche unterwerfen sich strengen buddhistischen Regeln. So verzichten sie etwa auf Eigentum, erbetteln ihre Nahrung und essen nur vor 12.00 Uhr mittags und nach Sonnenuntergang.

Thailand und Kambodscha
Innere Stille und Abgeklärtheit

Gegenüber: *Im kulturellen Zentrum Bangkoks befindet sich der herrliche Königstempel Phra Keo mit seinem berühmten Jade-Buddha, der als Beschützer Thailands gilt und nicht fotografiert werden darf. Die 66 Zentimeter hohe Figur stammt vermutlich aus Indien und gelangte im Jahr 1778 nach Thailand.*

Regionen kultureller Vielfalt

Seit jeher bewohnten die Regionen des heutigen Thailand und Kambodscha eine Vielzahl von Völkern mit unterschiedlichen Kulturen und Religionen. Staaten wurden gegründet und zerfielen wieder, und die Grenzen der einzelnen Machtbereiche verschoben sich häufig. Doch etwa seit unserer Zeitrechnung nahmen Thailand und Kambodscha wie auch Myanmar zahlreiche indische Elemente auf, so dass sie von einigen Forschern als hinduisierte Staaten bezeichnet werden. Die Politik der Länder richtete sich nach hinduistischen Grundsätzen, und der Brahmanismus wurde zur vorherrschenden Religion. Auch der Mahayana-Buddhismus drang in die Länder Südostasiens vor und hinterließ seine Spuren in der Kunst, wenngleich sich schließlich der Theravada-Buddhismus im Alltagsleben sowie im künstlerischen Schaffen durchsetzte. Ihrer Ausrichtung gemäß konzentrierte sich die Theravada-Kunst auf die Darstellung des Buddha Shakyamuni und beschränkte sich in Thailand und Kambodscha auf wenige wichtige Situationen im Leben des Buddha, wie etwa die Meditation, die Erleuchtung und die Lehrtätigkeit, was jedoch der Intensität des künstlerischen Ausdrucks keinen Abbruch tat. Heute bekennt sich die Mehrheit der Bevölkerung beider Länder zum Theravada-Buddhismus.

In Thailand werden Tempelanlagen „Wat" und Stupas „Chedi" genannt. Ein oder mehrere Stupas sind wesentliche Bestandteile aller thailändischen Tempel, so auch des Wat Pho in Bangkok.

Die buddhistische Kunstgeschichte dieser Region ist außerordentlich wechselvoll. Es entfalteten sich, zum Teil zeitgleich, zahlreiche Stile, von denen sich einige gegenseitig beeinflussten und miteinander Synthesen eingingen. Da diese komplexen Entwicklungen hier nicht nachgezeichnet werden können, möchten wir drei bedeutsame Kunstrichtungen hervorheben: die Buddhabildnisse der Mon und der Thai in Thailand sowie die buddhistische Khmer-Kunst Kambodschas.

Buddhabildnisse der Mon und Thai

Der frühe buddhistische Kunst Thailands geht auf die Mon zurück. Es entstand die Schule von Dvaravati, die nach einem kulturellen Zentrum der

Gegenüber: *Stehender Buddha Shakyamuni auf einem zehnarmigen, auf einem Büffel knienden Schutzgott, der seine Attribute in den Händen hält. Chedi Nakhon Pathom*

Oben links: *Sitzender Buddha Shakyamuni in der Geste der Erdanrufung (bhumisparsha-mudra), Chedi Nakhon Pathom*

Oben rechts: *Sitzender Buddha Shakyamuni unter dem Kopf des Schlangenkönigs Muchalinda, Chedi Nakhon Pathom*

Mitte links: *Sitzender Buddha Shakyamuni mit der beidhändigen Geste der Schutzverheißung (abhaya-mudra), Chedi Nakhon Pathom*

Mitte rechts: *Siddhartha als Asket mit der Geste der Meditation (dhyana-mudra), Chedi Nakhon Pathom*

Unten links: *Sitzender Buddha Shakyamuni mit Almosengefäß, Chedi Nakhon Pathom*

Unten rechts: *Sitzender Buddha Shakyamuni in der so genannten europäischen Haltung mit der Geste der Wunschgewährung (varada-mudra), Chedi Nakhon Pathom*

Oben links: *Stehender Buddha Shakyamuni mit der Geste der Wunschgewährung (varada-mudra), Chedi Nakhon Pathom*

Oben rechts: *Stehender Buddha Shakyamuni mit einer ikonografisch nicht festgelegten Geste, Chedi Nakhon Pathom*

Unten links: *Stehender Buddha Shakyamuni mit Almosengefäß, Chedi Nakhon Pathom*

Unten rechts: *Stehender Buddha Shakyamuni mit der beidhändigen Geste der Schutzverheißung (abhaya-mudra), Chedi Nakhon Pathom*

Oben links: *Stehender Buddha Shakyamuni mit der Geste der Schutzverheißung (abhaya-mudra), Chedi Nakhon Pathom*

Oben rechts: *Stehender Buddha Shakyamuni mit der beidhändigen Geste der Schutzverheißung (abhaya-mudra), Chedi Nakhon Pathom*

Unten links: *Stehender Buddha Shakyamuni mit einer ikonografisch nicht festgelegten Geste, Chedi Nakhon Pathom*

Unten rechts: *Stehender Buddha Shakyamuni mit einer ikonografisch nicht festgelegten Geste, Chedi Nakhon Pathom*

Oben links: *Sitzender Buddha Shakyamuni mit der Geste der Meditation (dhyana-mudra), Chedi Nakhon Pathom*

Oben rechts: *Sitzender Buddha Shakyamuni mit der Geste der Erdanrufung (bhumisparsha-mudra), Chedi Nakhon Pathom*

Mitte links: *Sitzender Buddha Shakyamuni mit einem Stab, auf dessen Spitze ein Umriss eines Bodhibaumblattes angebracht ist, Chedi Nakhon Pathom*

Mitte rechts: *Sitzender Buddha Shakyamuni mit der Geste der Meditation (dhyana-mudra) und mit Flammen-aureole, Chedi Nakhon Pathom*

Unten links: *Sitzender Buddha Shakyamuni mit einem Bodhibaumblatt-Stab. Die Blätter des Bodhibaumes werden häufig getrocknet und mit buddhistischen Motiven bemalt. Chedi Nakhon Pathom*

Unten rechts: *Sitzender Buddha Shakyamuni mit der beidhändigen Geste der Wunschgewährung (varada-mudra), Chedi Nakhon Pathom*

Oben links: *Sitzender Buddha Shakyamuni mit einer Variante der Geste der Schutzverheißung (abhaya-mudra), Chedi Nakhon Pathom*

Oben rechts: *Sitzender Buddha Shakyamuni mit der beidhändigen Geste der Darlegung der Lehre (vitarka-mudra), Chedi Nakhon Pathom*

Mitte links: *Sitzender Buddha Shakyamuni mit der Geste der Meditation (dhyana-mudra), Chedi Nakhon Pathom*

Mitte rechts: *Sitzender Buddha Shakyamuni mit der rechten Hand in der Geste der Schutzverheißung (abhaya-mudra) und der linken Hand in der Geste der Wunschgewährung (varada-mudra), Chedi Nakhon Pathom*

Unten links: *Sitzender Buddha Shakyamuni mit der Geste der Darlegung der Lehre (vitarka-mudra), Chedi Nakhon Pathom*

Unten rechts: *Sitzender Buddha Shakyamuni mit der Geste der Meditation (dhyana-mudra), Chedi Nakhon Pathom*

Gegenüber: *Bezug nehmend auf die berühmte Legende, die davon erzählt, wie der Schlangenkönig Muchalinda den Buddha Shakyamuni während der Meditation vor Wind und Wetter schützt, zeigt die Bronzeplastik den Buddha auf einem Podest aus dem zusammengerollten Schlangenkörper. Der Kopf des Muchalinda ist hinter dem Haupt des Erleuchteten ausgebreitet. Er weist mehrfach das Symbol des Rades der Lehre auf, das sich ebenfalls auf den Fußsohlen sowie den Handinnenflächen des Buddha befindet. 12. Jahrhundert, Kambodscha. Langen Foundation*

Mon benannt wurde, jedoch weniger als eine regional begrenzte Kunstrichtung zu verstehen ist, als vielmehr für die gesamte Mon-Kunst Thailands bezeichnet. Die Dvaravati-Periode währte vom 7. bis zum 10. Jahrhundert. Doch die Skulpturen der Mon entstammen dem weitaus längeren Zeitraum vom 6. bis zum 13. Jahrhundert. Stein, Bronze, Stuck und Ton dienten den Künstlern als Materialien für sitzende oder stehende Buddhastatuen, die den Buddha Shakyamuni zumeist in der Versenkung oder mit der Geste der Darlegung der Lehre zeigen. Die anrührende Schlichtheit der Formen und die Schmucklosigkeit der Figuren springen sogleich ins Auge. Eine horizontale Linienführung tritt vor allem im Gesicht hervor, da die Lippen sehr ausgeprägt sind und die Augenbrauen beinahe aneinander stoßen. Manche Figuren weisen deutliche Züge der Mon auf, die sich etwa an einer flache Nase und den breiten Lippen erkennen lassen. Über die formalen Eigenheiten hinaus kennzeichnen eine intensive meditative Atmosphäre und der Geist tiefer Religiosität die Bildnisse des Mon-Stils, der über viele Jahrhunderte seine Kontinuität bewahrte.

Die Entstehung eigenständiger Thai-Stile geht mit der Gründung des Königreichs Sukhothai um 1260 einher. König Rama Khamhaeng (ca. 1270–1317) erhob den Theravada-Buddhismus zur Staatsreligion, und sein Enkel Lü Thai, der später König wurde, ließ Mönche aus Sri Lanka kommen, um die orthodoxen Lehren im Land zu festigen und den Sangha zu reformieren. Der Sukhothai-Stil umspannt die Zeit zwischen dem 13. und 15. Jahrhundert. Seine frühen Buddhaskulpturen griffen Stilelemente der Mon-Kunst auf und waren zudem von der Kunst der Khmer beeinflusst, die in Thailand in der Lopburi-Schule (11.–15. Jahrhundert) Ausdruck gefunden hatte. Gleichzeitig gewannen sie jedoch durchaus selbstständige Ausdrucksformen. Der beinahe tänzerisch anmutende schreitende Buddha Shakyamuni gehört zu den Hauptbildnissen des Sukhothai-Stils. Darüber hinaus wurde der Buddha bevorzugt sitzend mit der Geste der Erdanrufung dargestellt oder auch stehend. Die vorwiegend in Bronze gegossenen Skulpturen vereinen hohe Geistigkeit mit grazilen Formen. Ihre Gestalt ist zartgliedrig und ihr Kopf betont oval, so dass er wie in die Höhe gezogen wirkt. Eine feine und klare Linienführung durchwebt den mit einem relativ glatten, fast transparenten Gewand bekleideten Körper. Charakteristisch für die stark idealisierten Figuren ist eine gewisse Hoheitlichkeit, vor allem aber die Ausstrahlung von Empfindsamkeit und kraftvoller innerer Stille.

Der Sukhothai-Stil prägte den thailändischen Buddha-Typus maßgeblich, aber die Kunstschulen

Die Gesichter des Bodhisattva Lokeshvara an den 54 Türmen des Bayon, die zugleich den Gottkönig Jayavarman VII. porträtieren, sind das Charakteristikum des Tempels, der im 12./13. Jahrhundert erbaut wurde. Kambodscha

Gegenüber: *Jayavarman VII. (reg. 1181–1219), ein Anhänger des Mahayana, gründete den ausgedehnten Stadtkomplex Angkor Thom und ließ in dessen Zentrum auf einem früheren Schrein den Bayon errichten, von dem hier ein Ausschnitt zu sehen ist. Der buddhistische Tempel bildete das Herz des damaligen Khmer-Reiches. Kambodscha, 13. Jahrhundert*

„Selig, wer Leidenschaften abtat,
Wer alles Wünschen überwand!
Der trotz'gen Ichheit Stolz zwingen
Wahrlich ist höchste Seligkeit."

von Lan Na (13.–20. Jahrhundert) und von Ayuthya (14.–18. Jahrhundert) trugen ebenfalls zu seiner Entfaltung bei. Die Stile beider Schulen waren Mischstile, die ihre Anregungen aus verschiedenen, zum Teil auch indischen Kunstrichtungen bezogen hatten. In der Zeit des 14. und 15. Jahrhunderts hatten die buddhistischen Künstler Thailands ihre eigene Form der Buddhadarstellung gefunden, die auch in der Folgezeit bestimmend blieb.

Kambodscha und das Lächeln Angkors

Die religiöse Geschichte Kambodschas ist charakterisiert durch Vielfalt und Verschmelzung. Unter den Herrschern von Angkor gab es Hinduisten

Folgende Doppelseite:
Seine Berühmtheit verdankt der Bayon dem Lächeln der großen Gesichter des Bodhisattva Lokeshvara, die von den 54 Türmen des Tempels in alle Himmelsrichtungen blicken. Die Tempelanlage spiegelt die Hochzeit der buddhistischen Architektur der Khmer wider. Kambodscha, 13. Jahrhundert

sowie Anhänger des Mahayana. Kennzeichnend für Kambodscha ist die Vermischung von Elementen beider Religionen. Es entstand ein Pantheon mit hinduistischen Göttern und buddhistischen Erleuchteten, die durchaus gleichzeitig verehrt wurden. Wann genau der Theravada-Buddhismus aufgenommen wurde und wie er sich verbreitete, ist kaum bekannt. Doch es steht fest, dass er im 13. Jahrhundert schon Wurzeln geschlagen hatte und in der Folgezeit immer tiefer in das Leben der Menschen eindrang.

In den ersten acht Jahrhunderten unserer Zeitrechnung blühten in den Gebieten des heutigen Kambodscha die Reiche Funan und Zhenla, die ihre eigene Kultur und heimischen Glaubensvorstellungen mit zahlreichen indischen Elementen durchtränkten. Schon damals bestand jene Verschmelzung autochthoner Glaubensvorstellungen mit vorwiegend hinduistischen, aber auch mahayanistischen Elementen, die später dem religiösen Leben des Angkor-Reiches seine Form verleihen sollte. Im 8. Jahrhundert brachten die Herrscher Javas, die Shailendra, Zhenla in ihre Gewalt. Als Jayavarman II. das Land von der Shailendra-Herrschaft befreite und das erste kambodschanische Königreich errichtete, schrieb man das Jahr 802. Durch eine, wie es heißt von Göttern bezeugte, Zeremonie setzte er das indische Ideal des Weltenherrschers, des Chakravartin, in Kraft. Somit war er selbst, wie es auch seine Nachfolger werden sollten, der einzige rechtmäßige Herrscher des Landes und gleichzeitig ein Gottkönig.

Das Gottkönigtum hatte eine unlösbare Verknüpfung zwischen dem Staat und der Religion zur Folge, die sich auch in der Kunst niederschlug. Die Skulpturen, die damals überwiegend hinduistisch waren, verloren an Transzendenz und dienten weniger der Vermittlung religiöser Inhalte, als vielmehr der Präsentation von Macht. Eine Betonung des Religiösen trat in die Kunst erst wieder mit dem König Jayavarman VII. (1181–1212) ein. Der hingebungsvolle Anhänger des Mahayana ließ zahlreiche buddhistische Tempelanlagen errichten, von denen der Bayon, der Tempelberg, die bekannteste ist. Dieser Tempel brach dem Bayon-Stil Bahn, der durch das so genannte Lächeln Angkors berühmt wurde. Ließen die Künstler doch über die Gesichter der Buddhaskulpturen ein feines Lächeln strahlen, das der Erfahrung der Transzendenz und einer inneren Abgeklärtheit entsprang. Der Bayon-Stil war auch eine der Quellen, aus denen die Thai ihre Inspiration schöpften.

Der Bayon gehört zu den wichtigsten Baudenkmälern des kambodschanischen Buddhismus und ist durch die Kunst des Mahayana geprägt, die in diesem Land in enger Beziehung zu dem Ideal des

Gottkönigs steht. Von den 54 Türmen des Tempels blicken Lokeshvara-Gesichter in alle Himmelsrichtungen, deren Antlitze zugleich Porträts des Gottkönigs sind. In Kambodscha wurde der Bodhisattva Avalokiteshvara unter dem Namen Lokeshvara als „Herr der Welt" sehr verehrt, ganz besonders von Jayavarman VII. So fertigten die Künstler viele Statuen dieses Bodhisattva an, wobei sie seiner vier- oder achtarmiger Gestalt den Vorzug gaben.

Ein anderes zentrales Bildmotiv dieser Zeit war der Buddha im Schutz des Muchalinda. Dieses Motiv geht auf eine Legende zurück, die unter anderem im Pali-Kanon überliefert ist. Nach seiner Erleuchtung hatte sich der Buddha Shakyamuni unter einem Muchalinda-Baum zur Meditation niedergesetzt, unter dem der Schlangenkönig lebte. Plötzlich wurde es sehr kalt und stürmisch, und ein gewaltiger Regen brach nieder. Da wand sich der Schlangenkönig sieben Mal um den Körper des Buddha und spreizte seinen Kobrakopf hoch über ihm aus, damit der Buddha geschützt vor Wind und Wetter mit seiner Meditation fortfahren konnte. Das Bildnis des Buddha unter der Schlangenhaube war in Thailand gleichermaßen beliebt wie in Kambodscha.

Mit dem Khmer-Reich verging nicht nur die goldene Ära der kambodschanischen Plastik, sondern auch der Mahayana, da er fortan nicht mehr staatlich gefördert wurde. Ebenso verlor der Hinduismus an Bedeutung. Seit der Verbreitung des Theravada widmeten sich die Bildhauer fast ausschließlich buddhistischen Motiven. Während die Khmer ihre Skulpturen vorwiegend aus Stein gemeißelt hatten, wurden die Buddhaplastiken nun meistens aus Holz geschnitzt. In ihrer überaus regen Tätigkeit bewahrten die Bildhauer zwar im Wesentlichen den Stil ihrer Vorgänger, doch es war ihnen nicht mehr möglich, dieselbe herausragende Qualität aufrechtzuerhalten.

Die Kunst Thailands ist weitgehend vom Buddhismus geprägt, und die Herstellung religiöser Kultobjekte wird auch heute noch gepflegt. In seiner Werkstatt arbeitet ein Künstler an einem Buddhakopf. Thailand

Der Borobudur in Java
Vom Atem des Buddha durchdrungen

Gegenüber: *Manjushri ist ein Schüler des Buddha Shakyamuni und der Bodhisattva „von wunderbarer Tugend und sanfter Erhabenheit". Er steht für die Weisheit und wird als ewig jung dargestellt. Die vollendete Statue des jugendlichen Manjushri besteht aus reinem Silber. Sie zeigt den Bodhisattva in der Haltung der Entspannung, bei der ein Bein auf dem Sitz liegt und das andere Bein herabbaumelt. In der linken Hand hält Manjushri einen blauen Lotos, auf dessen Blüte ein Buch, der Pali-Kanon, liegt. Der blaue Lotos symbolisiert den Sieg der Weisheit über die Sinne und wird von Manjushri gepflanzt. Zentraljava, frühes 10. Jahrhundert n. Chr., Jakarta, Museum Nasional*

Indonesiens buddhistische Kunst

Mit der Erschließung der Seehandelswege zwischen Indien und China gelangte ab dem 5. Jahrhundert zunächst der Theravada-, dann der Mahayana- und schließlich der Vajrayana-Buddhismus nach Indonesien. Auf Java und Sumatra entstanden bedeutende religiöse Stätten und erhabene Bau- und Kunstwerke. Aus den Schriften des chinesischen Pilgermönchs Yijing (635–713), der auf seinen Reisen nach Indien lange auf Sumatra verweilte, erfahren wir, dass sich seinerzeit die buddhistische Religion in Indonesien schon prächtig entfaltet hatte. Ihren Höhepunkt jedoch erreichten der Buddhismus und die buddhistische Kunst unter der Shailendra-Dynastie (778–864). Die Herrscher dieser Dynastie stammten ursprünglich aus Indien und waren Anhänger des Mahayana, weshalb zu ihrer Zeit diese Tradition vorherrschte. Mit der Vereinigung von Buddhismus und Hinduismus im 12. Jahrhundert vermischten sich nicht nur religiöse Lehren, sondern auch die Kunststile. Als der Islam ab dem 13. Jahrhundert in Indonesien Fuß fasste, verlor die buddhistische Religion an Bedeutung. Heute bekennt sich nur noch etwa 1 Prozent der Bevölkerung zum Buddhismus. Die Zeit von ca. 732–929, als das politische und kulturelle Zentrum in Zentraljava angesiedelt war, gilt geschichtlich als die zentraljavanische Periode und kunsthistorisch als die Klassik. Die ostjavanische Periode oder Spätklassik, die von Ostjava aus wirkte, dauerte etwa von 929–1500. Wie alle Künstler Südostasiens nahmen sich auch die Künstler Indonesiens zunächst indische Werke zum Vorbild. Der Haupteinfluss ging dabei von der klassischen Gupta-Zeit aus, doch auch die nachfolgende Pala-Periode hat ihre Spuren hinterlassen. Die frühesten aufgefundenen Kunstobjekte sind Bronzestatuen aus dem 5./6. Jahrhundert, die wahrscheinlich den historischen Buddha darstellen

Die versilberte und teilweise vergoldete Statue des vierarmigen Bodhisattva Avalokiteshvara ist nur noch fragmentarisch erhalten. Um die Hüfte hat der reich geschmückte Bodhisattva ein Tuch geschlungen, das von zwei Gürteln mit verzierten Schnallen zusammengehalten wird. Im Kopfschmuck befindet sich eine kleine Figur des Buddha Amitabha, als dessen Helfer und wirkende Kraft der Avalokiteshvara gilt. Zentraljava, spätes 8. bis frühes 9. Jahrhundert n. Chr., Jakarta, Museum Nasional

„Der in leeres Gemach einging, Der Mönch befriedeten Gemüts, Übermenschliches Glück fühlt er, Die Wahrheit schauend immerdar.“

Über 500 Buddhabildnisse schmücken den Borobudur, und alle fünf transzendenten Buddhas sind hier versammelt. Der Buddha Amitabha blickt in den Westen.

Auf den drei oberen runden Terrassen des Borobudur befinden sich 72 durchbrochene Stupas, die jeweils ein Bildnis des Buddha Vairochana bergen. Java, um 800

und im Kontext des Theravada entstanden sind. Allmählich löste sich die Kunst Indonesiens von ihren Vorbildern, bis sie sich zu einer eigenständigen Vollkommenheit erhob, die etwa im Tempel Borobudur zutage tritt, einem meisterhaften Zeugnis des Mahayana. Von Studienaufenthalten in der bedeutenden buddhistischen Universität Nalanda, Indien, brachten indonesische Mönche die Lehren des Vajrayana mit, die ebenfalls Einfluß auf die Kunst nahmen. So entstanden beispielsweise Statuen mehrarmiger Bodhisattvas, oder bei Tempelbauten ging das Konzept des Mandala mit der Architektur des Stupa eine harmonische Verbindung ein.

Das weltgrößte buddhistische Monument

Alle wichtigen buddhistischen Bauwerke Indonesiens aus dem 1. Jahrtausend, die bis heute erhalten sind, stehen in Java. In der gesamten buddhistischen Welt einzigartig ist der Borobudur, der um 800 errichtet wurde, über 500 Buddhabildnisse aufweist und mit etwa 2500 Metern Reliefs dekoriert ist. Es ist kein Urtext bekannt, der das Monument und seine Darstellungen erklärt, und so birgt dieses Bauwerk bis heute manches Geheimnis. Viele Forscher erachten den Borobudur als ein dreidimensionales Mandala und einige als ein Grabmonument. Gläubigen Buddhisten ist er eine Pilgerstätte, wo sie über mehrere Ebenen von der

Um 800 entstand das größte buddhistischen Monument der Welt, der Borobudur in Java. Über eine Million Steinblöcke waren für ihn nötig. Der Borobudur besteht aus fünf quadratischen und drei runden übereinander liegenden Terrassen und ist von einem Stupa bekrönt. In seinen meisterhaften Reliefs spiegelt sich die Kunst des Mahayana-Buddhismus wider.

„Wie das große Meer, ihr Mönche, nur einen Geschmack hat, den Geschmack des Salzes, so hat auch, ihr Mönche, diese Lehre und diese Ordnung nur einen Geschmack, den Geschmack der Erlösung."

gewöhnlichen Welt bis hin zur Erleuchtung aufsteigen. Narrative und belehrende Bildreliefs begleiten ihren Weg, Buddhastatuen umfangen sie mit der Atmosphäre der Innerlichkeit, der Weisheit und des Erwachens und schließlich offenbart ihnen ein Stupa die schöpferische Leere als das höchste Ziel.
Der Borobudur hat einen quadratischen Grundriss mit einer Seitenlänge von 112 Metern. Seine Basis war ursprünglich mit Reliefs versehen, musste jedoch von Steinen ummantelt werden, als sie sich für den Aufbau als zu klein erwies, und ist seither undekoriert. Auf der Basis ruhen übereinander fünf quadratische und drei runde Terrassen, deren Spitze ein heute leerer Stupa ziert, der früher möglicherweise eine Statue enthielt.
Während Reliefs die Innenwände der Terrassen schmücken, sind die Außenwände mit Nischen versehen, in denen jeweils ein Buddhabildnis steht. Auf den ersten vier Terrassen sind die vier transzendenten Buddhas ihrer jeweiligen Himmelsrichtung entsprechend angeordnet, Akshobhya im Osten, Ratnasambhava im Süden, Amitabha im Westen und Amoghasiddhi im Norden. Der Buddha Vairochana hat seinen Platz auf den runden Terrassen, wo er in durchbrochenen Stupas 72 mal anzutreffen ist. Auf der fünften Terrasse gibt es einen sechsten Buddha, der von einigen Forschern ebenfalls als Buddha Vairochana gedeutet wird, bis heute aber nicht eindeutig identifiziert werden konnte.
An den Innenseiten der Terrassen entlangzuwandeln bedeutet, mit den Augen zu lauschen. Lassen die Reliefs doch die lebendige Erzählwelt alter buddhistischer Texte wieder erstehen. Der Betrachter erfährt von den Folgen guter und schlechter Taten und lernt, was vorbildliches Verhalten ist. Er nimmt teil an den früheren Existenzen des Buddha Shakyamuni und wichtigen Ereignissen in seinem letzten irdischen Leben bis zur ersten Predigt. Das Gelöbnis des Bodhisattva Samantabhadra, die Wesen zu befreien, wird ihm ebenso anschaulich kundgetan, wie die Taten buddhistischer Heiliger. Und schließlich macht er sich mit Sudhana auf die Suche nach Erleuchtung und unternimmt mit dem jungen Mann jene legendäre und in der buddhistischen Welt weithin bekannte Pilgerreise, die im *Gandavyuha* geschildert wird und drei Viertel der Reliefs des Tempels umfasst.
Die Reliefs des Borobudur mögen hier beispielhaft für die Kunst der zentraljavanischen Zeit stehen, die das Erzählerische ebenso liebt wie runde Linien und volle Formen und eine eindrucksvolle Lebendigkeit ausstrahlt.
Neben dem Borobudur entstanden auf Java weitere Tempel, die sich durch große Kunstfertigkeit auszeichnen, wie etwa der nahe gelegene Candi Men-

Gegenüber: *Vermutlicht suchten die Pilger auf ihrem Weg zum Borobudur zunächst den Candi Mendut auf, in dessen Cella sich drei Kultstatuen befinden: der Buddha Shakyamuni, der Bodhisattva Avalokiteshvara und der Bodhisattva Vajrapani, der die Tatkraft und den Willen verkörpert und hier in entspannter Haltung zu sehen ist. Zentraljava, 8./9. Jahrhundert*

Gegenüber: *Eine Legende erzählt, dass an dem Ort, wo heute der Candi Plaosan steht, eine Statue des Buddha Shakyamuni erschien, woraufhin einige Priester den Tempel errichteten. Hochreliefs mit Darstellungen himmlischer Wesen zieren die Außenseiten des Tempels. Im Inneren des Plaosan befinden sich etliche Statuen der zentraljavanischen Periode (7.–10. Jahrhundert n. Chr.). Das Gebäude dagegen weist keine typischen Merkmale eines Stils oder einer Zeit auf. Zentraljava*

dut. Dieser Tempel beherbergt im Allerheiligsten meisterliche Steinbildnisse des historischen Buddha mit den Bodhisattvas Avalokiteshvara und Vajrapani, die alle auf Löwenthronen sitzen und einander zugewandt sind. Diese drei Statuen, eine typische Triade des indischen Buddhismus, gehören zu einer Gruppe, die ursprünglich sieben Figuren umfasste und ein Mandala des Vajrayana darstellte. Nicht nur Stein, sondern auch Bronze, Silber und Gold waren weitere gängige Materialen für die buddhistischen Skulpturen Indonesiens, die außer dem Buddha Shakyamuni die transzendenten Buddhas und verschiedene Bodhisattvas darstellten, die aus dem Mahayana bekannt sind.

Ein Detail der Südwand des Candi Plaosan, Zentraljava

Kapitel 3

Zentral- und Ostasien

Die Felsmalerei eines Stupa befindet sich im Hunza-Tal, Pakistan

„Der Gedanke an die Vergänglichkeit, ihr Mönche, wenn man ihn in sich fördert und ihm weiten Raum gibt, erfaßt alle Begier, die sich auf Lust richtet, alle Begier, die sich auf Gestalt richtet, alle Begier, die sich auf Werden richtet, alles Nichtwissen, allen Stolz des ‚Ich bin', und vernichtet alles das.

Wie in der Herbstzeit, ihr Mönche, ein Pflüger mit einem großen Pfluge pflügt und alles Wurzelgeflecht zerreißt, so erfaßt auch der Gedanke an die Vergänglichkeit, ihr Mönche, wenn man ihn in sich fördert und ihm weiten Raum gibt, alle Begier, die sich auf Lust richtet, alle Begier, die sich auf Gestalt richtet, alle Begier, die sich auf Werden richtet, alles Nichtwissen, allen Stolz des ‚Ich bin', und vernichtet alles das. (...)

Wie, ihr Mönche, in der Herbstzeit, wenn der Himmel klar und wolkenlos ist, die Sonne zum Himmel aufsteigend, alles Dunkle im Luftraum vernichtet und strahlt und wärmt und leuchtet, so erfaßt auch der Gedanke an die Vergänglichkeit, ihr Mönche, wenn man ihn in sich fördert und ihm weiten Raum gibt, alle Begier, die sich auf Lust richtet, alle Begier, die sich auf Gestalt richtet, alle Begier, die sich auf Werden richtet, alles Nichtwissen, allen Stolz des ‚Ich bin', und vernichtet alles das."

Gegenüber: *Zwischen dem 6. und 13. Jahrhundert entstanden die Höhlentempel von Bezeklik in einer Schlucht des Murtuq-Tales im Nordosten von Turfan. Bezeklik, der „Ort der Bilder", war für seine meisterhaften Malereien berühmt, die sich heute größtenteils in Berlin und Delhi befinden. Xinjiang, China*

Die Seidenstraße Kunststätten am Wegesrand

Ein Pilgermönch auf Reisen

Zu den eindrucksvollsten Zeugnissen der buddhistischen Kunst an der Seidenstraße gehören die Wandmalereien in den Höhlentempeln. Der Ausschnitt des Deckengemäldes stammt aus Dunhuang, China.

Im Jahr 629 brach der chinesische Pilgermönch Xuanzang (602–664) nach Indien auf. Von Chang'an aus wanderte er die Seidenstraße entlang, bis er die Oase Dunhuang und ihr buddhistisches Zentrum erreichte, dessen Gelehrsamkeit und Kunst in aller Munde waren. Sein Weg führte ihn weiter durch gottverlassene Wüsten und unwirtliche Gebirgsregionen, die den Mönch in mancherlei Gefahr und bis an den Rand seiner Kraft brachten. Welches Ungemach er auch erlitt, immer wieder rief der fromme Buddhist vertrauensvoll den Bodhisattva Guanyin an, und wenn dies nicht half, rezitierte er unermüdlich das Herz-Sutra, das ihn schließlich aus allen brenzligen Situationen rettete. So erreichte er unversehrt das Hochtal von Bamiyan. Nachdem Xuanzang das dortige Kloster besucht und die berühmten monumentalen Buddhastatuen bestaunt hatte, begab er sich nach Gandhara. Ein Jahr lang hatte die abenteuerliche Reise in das Heimatland des Buddha Shakyamuni gedauert. In den folgenden 15 Jahren wanderte Xuanzang durch ganz Indien, verweilte an heiligen Stätten und studierte geraume Zeit an der buddhistischen Klosteruniversität Nalanda. Mit 657 Schriften und 150 Devotionalien kehrte er schließlich im Jahr 645 nach China zurück. Heute verdanken wir einen Großteil unserer Kenntnisse über die Geschichte und Kultur der Seidenstraße Pilgermönchen wie Xuanzang, die ihre Reiseeindrücke schriftlich niedergelegt haben.

Die so genannte Seidenstraße umfasst ein Geflecht von Routen, welche die Mittelmeerländer mit dem Fernen Osten verbinden. Ihren Namen verdankt die Handelsroute der chinesischen Seide, die lange Zeit eines der begehrtesten und kostbarsten Wirtschaftsgüter war. Gleichermaßen diente die Seidenstraße als Transportweg kultureller und religiöser Güter, wie des Buddhismus, der von Gandhara aus nach Zentral- und Ostasien gelangte. Zunächst erreichten die Lehren des Theravada die Regionen entlang der Seidenstraße, dann die des Mahayana. Im 2. Jahrhundert hatte der Buddhismus bereits Fuß gefasst, und zwar in Gebieten, die heute zu Turkmenistan, Usbekistan, Tadschikistan, Afghanistan, Pakistan und China gehören. Es entstanden große religiöse Zentren, die sich zu Stätten der Gelehrsamkeit entwickelten und bedeutende Kunstschätze hervorbrachten. Als Beispiele für die lebendige Welt des Buddhismus an der Seidenstraße mögen hier die Klöster von Dunhuang und Bamiyan dienen.

Wandgemälde in Dunhuang

In der Mitte des 4. Jahrhunderts begannen fromme Mönche, etwa 25 Kilometer südöstlich von Dunhuang Grotten in die Felsen zu schlagen und sie

Die Künstler Dunghuangs strebten danach, Malerei und Plastik zu einer Einheit zu verbinden. Ein Beispiel ist die Darstellung des Priesters Hongbian in der Höhle Nr. 17. Hinter der lebensgroßen Lehmstuckfigur befindet sich ein Wandgemälde mit einer Dienerin, einer Nonne und zwei Bäumen, an die der Mönch sein Hab und Gut gehängt hat. Die realistische Porträtplastik zeigt Hongbian, der ab 848 als „Bischof von Hexi" und „Hoher Priester aller Altäre innerhalb und außerhalb der Hauptstadt" sehr einflussreich wurde, in einem aus Flicken zusammengenähten Mönchsgewand. China

kunstvoll zu gestalten. Über tausend Jahre währte die Arbeit an der Klosteranlage, die heute zu den größten Kulturschätzen der Menschheit zählt. Schon früh genoss das Kloster von Dunhuang ein so hohes Ansehen, dass sich dort Gelehrte aus der gesamten buddhistischen Welt einfanden. Wie groß der damalige geistige Reichtum war, lässt eine bewegende Entdeckung erahnen. Im Jahr 1900 stieß ein daoistischer Mönch durch einen Zufall in der heutigen Höhle Nr. 17 auf eine zugemauerte Bibliothek mit 50 000 Schriften, Kultgeräten und Seidenmalereien. Die in vielen verschiedenen Sprachen abgefassten Textdokumente stammten aus der Zeit zwischen dem 4. und 10. Jahrhundert und behandelten neben dem Buddhismus auch andere Religionen sowie kulturelle und wissenschaftliche Themen. Im Jahr 1306 hatten Mönche die Höhle vermauert, um ihre Schätze vor den heranstürmenden Mongolen zu verbergen.

Einst umfasste die Klosteranlage von Dunhuang etwa 1000 Höhlen, von denen heute noch 492 erhalten sind. Dazu kamen etliche, inzwischen verfallene frei stehende Gebäude. Jede Grotte, von der Versammlungshalle bis zur Mönchszelle, war mit Wandmalereien versehen, die so umfangreich sind, dass allein die Gemälde der erhaltenen Höhlen eine Fläche von 45 000 Quadratmetern einnehmen. Hier präsentiert sich nicht nur ein Jahrtausend buddhistischer Kunst- und Religionsgeschichte, sondern auch das Leben entlang der Seidenstraße. Denn die Bilder fangen religiöse Themen ebenso malerisch ein wie Alltagszenen, sei es die Arbeit eines Schlachters, eine Lastkarawane oder ein verliebtes Paar.

Die religiösen Gemälde umspannen nicht nur das weite Spektrum der Ikonografie des Mahayana, sondern auch mehrere chinesische Stilrichtungen, da sie, wie gesagt, im Laufe eines Jahrtausends angefertigt wurden. Sie lassen den Buddha Shakyamuni inmitten von Bodhisattvas und Mönchen erscheinen und führen wichtige Episoden aus seinen verschiedenen Existenzen vor Augen. Eine wichtige Stellung nimmt auch der Buddha Amitabha ein, der in China sehr verehrt wurde. Untrennbar mit Amitabha verbunden ist sein westliches Paradies, das Reine Land, von dem belebte Szenen Zeugnis ablegen. Darüber hinaus gewinnen der zukünftige Buddha Maitreya und verschiedene Bodhisattvas, aber auch die Stifterfiguren Gestalt.

In Dunhuang lassen sich zwei Bildtypen unterscheiden. Der eine Typus sind die Friese. Sie widmen sich zum Beispiel den Jatakas und vermitteln religiöse Inhalte oder dokumentieren Geschehnisse, indem sie diese wie eine Erzählung aufrollen. Bildstreifen mit Bergkulissen oder Bäumen dienen als Umrahmung oder Trennung dieser

Gegenüber: *Im nördlichen Swat-Tal entstand die Figur eines gekrönten Buddha oder Bodhisattva auf dem Löwenthron. Der reiche Kopf-, Hals- und Armschmuck in Verbindung mit den Zeichen des Buddha, wie der Locke zwischen den Augenbrauen (urna), könnten auf Siddhartha vor seiner Erleuchtung hinweisen. Aber im Nordwesten Indiens wurde Siddhartha auch nach seinem Erwachen, als Buddha, geschmückt dargestellt.*
Berlin, Museum für Indische Kunst

Die Mogao-Grotten – wie die Höhlen der Klosteranlage bei Dunhuang genannt werden – bergen einen unermesslichen Schatz an Plastiken und Wandmalereien. Die Skulpturen wurden meistens aus einem Holzkern angefertigt, auf den der Künstler einen Lehmmantel auftrug, den er mit einer weiteren dünnen Schicht versah, die er schließlich mit Wasserfarben bemalte. China

Bei der Bemalung der Mogao-Grotten wurden meistens Mineral- und Metalloxydfarben verwendet, während Pflanzenfarben eher selten zum Einsatz kamen. Zur Herstellung der Farben nutzte man die Steinvorkommen der Umgebung, zerrieb die Steine und vermengte sie mit einem Bindemittel. Auf diese Weise wurde aus Lapislazuli blaue, aus Malachit grüne und aus Laterit rote Farbe gewonnen. Dunhuang, China

In der Mitte der großen Nische an der Westwand der Höhle Nr. 328 befindet sich die 2,19 Meter hohe, noch gut erhaltene Statue, deren Gesichtsausdruck Ernst und Würde widerspiegelt. Der Buddha ist mit der Geste der Darlegung der Lehre (vitarkamudra) dargestellt. Kopf- und der Körpernimbus sind mit reichhaltigen Mustern und kräftigen Farben dekoriert. Tang-Zeit (618–907), Dunhuang, China

Der Buddha führt eine Geste aus, die Beruhigung und Trost zum Ausdruck bringt und eine chinesische Variante der Geste der Darlegung der Lehre (vitarka-mudra) ist. Seine linke Hand nimmt die vitarka-mudra ein, wobei der Mittelfinger den Daumen berührt, und seine rechte Hand ist in Hüfthöhe zur Geste der Wunschgewährung (varada-mudra) geöffnet. Dunhuang, China

„Der Begier Ende, des Hasses Ende, der Verblendung Ende: Das, mein Freund, nennt man Heiligkeit."

Gegenüber: *Um seine geistige Erhabenheit zum Ausdruck zu bringen, stellen viele Werke der buddhistischen Kunst den Buddha Shakyamuni wesentlich größer dar als seine Begleiter oder Anhänger. In besonderem Maße lassen auch Kolossalstatuen die Größe des Erleuchteten hervortreten. Die kleinere der beiden Statuen in der Klosteranlage im Hochtal von Bamiyan, Afghanistan, war 35 Meter hoch. Sie wurde im 6. Jahrhundert angefertigt und im Jahr 2001 von den Taliban in die Luft gesprengt.*

Friese, die häufig übereinander angelegt sind und von rechts oben nach links unten „gelesen" werden. Große Kultbilder, der zweite Bildtyp, stellen verschiedene, für das Ritual bedeutsame Figuren des buddhistischen Pantheons oder auch himmlische Palastlandschaften dar. Ihre Bildkomposition ist dergestalt, dass der zentrale und hierarchisch übergeordnete Buddha oder Bodhisattva größer als alle übrigen Figuren abgebildet wird. Einige dieser Bilder weisen Einfassungen mit Landschaftsdarstellungen auf.

Im Laufe der Zeit haben die Gemälde durch verschiedene Umstände, wie zum Beispiel durch den Wüstensand großen Schaden erlitten. Doch vor einigen Jahrzehnten begann die Dunhuang-Akademie, die Grotten systematisch zu restaurieren. Heute erfährt diese Arbeit internationale Unterstützung, denn es gilt ein überaus wertvolles Denkmal der Religions- und Kulturgeschichte zu retten und für die Nachwelt zu bewahren.

Bamiyans Buddhastatuen

Eine zweite herausragende Stätte des Buddhismus an der Seidenstraße war das Hochtal von Bamiyan. Seit dem 3. Jahrhundert n. Chr. entwickelte sich hier ein großes Klosterzentrum, das im 7. Jahrhundert noch in hoher Blüte stand. Mit einer Vielzahl von Klosterhöhlen und ausgedehnten Versammlungshallen bot die Anlage mehreren tausend Mönchen Platz. Zwar wirkte zeitweise auch der Mahayana in Bamiyan, aber die überwiegende Anzahl der Mönche hingen dem Theravada an.

Wie in den Grotten von Dunhuang wurden auch in Bamiyan die Wände und Gewölbe mit großartigen Malereien versehen. Weltweite Berühmtheit erlangte das Klosterzentrum jedoch vor allem wegen seiner beiden imposanten Buddhastatuen, die um 500 und 550 zwischen den Grotten in den roten Sandstein gemeißelt wurden. Die kleinere Statue war 35 Meter hoch, die größere 53 Meter. Den Berichten des Pilgermönchs Xuanzang zufolge soll es eine dritte, liegende Statue gegeben haben, die 1000 Fuß maß, heute aber nicht mehr erhalten ist.

Die beiden stehenden Kolossalfiguren, die stilistisch an die Kunst von Gandhara anknüpfen, befanden sich in tiefen Nischen und waren ursprünglich bemalt und vergoldet. Im Sonnenlicht strahlten sie weithin und müssen, wie Xuanzang schildert, auf die Gläubigen eine starke Wirkung ausgeübt haben. Als die Muslime im 13. Jahrhundert in diese Region vordrangen, schlugen sie den Buddhaskulpturen die Hände und die Gesichter ab. Im Jahr 2001 schließlich sprengten die Taliban beide Statuen und zerstörten so eines der bedeutendsten Zeugnisse buddhistischer Kunst und Frömmigkeit.

China
Zehntausend Buddhas im Reich der Mitte

Fo, das chinesische Schriftzeichen für „Buddha" oder auch „Buddhismus", befindet sich im Nan Putuo-Tempel, der vor über tausend Jahren gegründet wurde. Xiamen, China

Entstehung des chinesischen Buddhismus

Seit dem 1. Jahrhundert n. Chr. gelangte der Buddhismus über den Landweg der Seidenstraße und über das Meer nach China. Zunächst hatte er es schwer, sich zu etablieren. Denn die chinesische Zivilisation war geprägt durch die jahrhundertealten ethischen Normen des Konfuzianismus, in denen sich die sozialen Strukturen gründeten. In ihrer Betonung der kindlichen Loyalität den Eltern gegenüber ließen sie praktisch keinen Raum für die buddhistische Idee der persönlichen Erlösung, die bekanntlich eine Trennung von der Familie erforderte. Darüber hinaus bestand die einheimische Religion des Daoismus, die damals schon verbreitet war und sich etwa hundert Jahre später zu einer großen organisierten „Kirche" formieren sollte. Die einzige Möglichkeit, den Buddhismus in China einzuführen und aufzunehmen, war seine Modifizierung. So bildete sich auf der Basis der indischen Lehre ein spezifisch chinesischer Buddhismus, der zu gegebener Zeit die Kultur und das religiöse Leben so tief durchdrang, dass er eine der drei zentralen Lehren Chinas wurde.

Im 2. und 3. Jahrhundert gab es bereits buddhistische Gemeinden, und heilige Texte wurden in das Chinesische übersetzt. Dennoch war der Buddhismus eine relativ unbedeutende Erscheinung, die überwiegend von Ausländern getragen und in einigen chinesischen Kreisen auch als Variante des Daoismus betrachtet wurde. Eine weitere Verbreitung des Buddhismus nahm ihren Anfang, als das von einer geistigen Elite regierte Han-Reich im Jahr 220 n. Chr. unterging und jahrzehntelange Kriege und politische Wirren folgten, in denen der Buddhismus auch in südlichere Regionen vordrang. Denn als Nordchina in die Hand nicht chinesischer Herrscher geriet, flohen die Gentry und viele Mönche nach Südchina. Die Trennung Chinas in die Nördlichen und Südlichen Dynastien (317–589) hatte zwei unterschiedliche Entwicklungslinien des Buddhismus zur Folge.

In Nordchina verbreitete sich der Buddhismus unter der Förderung der fremdländischen Herrscher sehr schnell. Ein reges künstlerisches Schaffen setzte ein und zahlreiche Tempel, Klöster und Pagoden wurden errichtet. Heute bestehen nur noch die steinernen Höhlentempel, während die hölzernen Freibauten längst verfallen sind. Der Orden erfreute sich enormen Zulaufs. Anfang des 6. Jahrhunderts gab es etwa 6500 Klöster und zwei Millionen Mönche und Nonnen. Unter staatlichem Patronat standen nur die großen Klöster, in denen gebildete Mönche die Schrifttradition pflegten. Daneben gab es sehr viele einfache Mönche, die sich nicht zum Hofe, sondern zum Volk hin orientierten. In ihren Kreisen und unter den Laienanhängern bildete sich ein frommer Buddhismus heraus, der auch Elemente volkstümlicher Kulte aufnahm.

In dem von zentralasiatischen Einflüssen abgeschotteten Südchina lebte der Buddhismus in gebildeten Kreisen, die sich mit Vorliebe philosophischen Diskussionen hingaben und sich auch dem Daoismus zuwandten. Hier verschmolz der Buddhismus stark mit dem autochthonen chinesischen Gedankengut, insbesondere mit dem Daoismus. Die Klöster, die ab dem 4. Jahrhundert gegründet wurden, entwickelten sich zu Stätten großer Gelehrsamkeit. Später drang der Buddhismus in Gestalt eines sinisierten Mahayana in alle Schichten ein. Es kam zur Bildung zahlreicher, regional begrenzter Schulen, von denen viele wieder untergingen, einige jedoch das Geistesleben und die Kunst Chinas stark prägen. Von ihnen wird später die Rede sein.

Mit der Ausbreitung des Buddhismus ging eine beispiellose Übersetzungsarbeit einher, die über ein Jahrtausend fortgesetzt wurde. Zumeist in Teams übertrugen chinesische und indische Mönche und Laien hunderte Schriften aus dem Sanskrit in das Chinesische, was angesichts der unterschiedlichen Sprachsysteme eine außerordentliche Leistung darstellte. Als besonders herausragende Arbeiten sind die Übersetzungen der Teams des indischen Mönchs Kumarajiva (343–413) und des chinesischen Mönchs Xuanzang (602–664) zu nennen.

Im 5. Jahrhundert ließen die Herrscher der Nord-Wei-Dynastie (386–535) nahe ihrer damaligen Hauptstadt Datong die ausgedehnten Höhlentempel von Yungang in den Sandstein der Wuzhou-Berge meißeln. Die 53 Grotten erstrecken sich mehr als einen Kilometer über den Hang und bergen 51 000 Statuen und Reliefs der Kunst des Mahayana. Die Eingänge zu den einzelnen Höhlen waren ursprünglich mit einem hölzernen Vorbau versehen.

„Schwer sieht man ein des Selbst Nichtsein,
Denn nicht sieht man die Wahrheit leicht.
Es durchschauen den Durst Weise.
Kein Etwas kennt der Sehende."

Als die Buddhisten im 9. Jahrhundert in China verfolgt wurden, flüchteten viele Mönche in das Königreich Shu in der heutigen Provinz Sichuan. Am Beishan, dem „Nordberg" in der Nähe der Kreisstadt Dazu, entstanden 264 Grotten und Nischen mit buddhistischen Kultfiguren. Die Bildhauer begannen 892 mit ihrer Arbeit, die bis zur Fertigstellung 250 Jahre dauern sollte. Im Laufe dieser Zeit verliehen sie den Figuren zunehmend individuelle Züge.

Felsenklöster in Nordchina

Auch die buddhistische Kunst brachte einen reichen Schatz an Werken hervor. Im Norden des Landes entstanden die Yungang- und Longmen-Höhlenklöster, die mit den Klöstern von Dunhuang zu den wichtigsten buddhistischen Heiligtümern Chinas gehören. Die Klöster am Yungang, am „Wolkengrat", befinden sich nahe der heutigen Stadt Datong. Sie wurden auf kaiserliches Geheiß im späten 5. Jahrhundert errichtet und entstanden so etwa zeitgleich mit den Höhlentempeln in Ajanta, indes früher als diejenigen in Bamiyan. In unbändiger Schaffenskraft wurden unzählige Buddhas und Bodhisattvas in die Wände der Höh-

len gemeißelt und Großskulpturen aus Stein gehauen. Die ältesten Höhlen beherbergen fünf riesige Buddhastatuen, die von kräftiger Statur sind und in der Gestaltung des Gewandes und des Haarknotens eine deutliche Verwandtschaft mit der Kunst aus Gandhara erkennen lassen. Diese Statuen sollten auch der Erinnerung an die fünf Kaiser der Nördlichen Wei-Dynastie (386–535) dienen und waren daher nach deren Abbild angefertigt worden.

Nach der Verlegung der Hauptstadt von Datong nach Luoyang im Jahr 494 begann man in den Klippen von Longmen („Drachentor") mit dem Bau weiterer Höhlentempel. Bis in die Tang-Zeit (618–907) setzte sich die ausgiebige Bautätigkeit

In der Blütezeit des Buddhismus entstand die größte Buddha-Skulptur der Welt, die ihre Berühmtheit wohl eher den gigantischen Dimensionen als ihrer Schönheit verdankt. Der Große Buddha von Leshan in der Provinz Sichuan, der nach neunzigjähriger Arbeit im Jahr 803 fertig gestellt wurde, misst etwa 71 Meter in der Höhe. Einer Legende zufolge fing der Mönch Haitong an, diese Statue für die Schiffer zu meißeln, die an diesem Ort, wo drei Flüsse ineinander fließen, mit besonders gefährlichen Strömungen zu kämpfen hatten. Die ursprüngliche Vergoldung und Bemalung der Statue ist im Laufe der Jahrhunderte der Witterung zum Opfer gefallen.

Gegenüber: *Nahe der Ortschaft Yongjing in Gansu, China, erstrecken sich in vier Reihen über eine Länge von zwei Kilometern die Grotten des Tausend-Buddha-Tempels. Die Arbeit an den 183 Höhlen mit Wandmalereien und Plastiken begann Ende des 4. Jahrhunderts. Neben 82 Lehmskulpturen befinden sich hier 679 Steinfiguren, von denen dieser Buddha zu den größten zählt.*

an den über 2000 Grotten und Nischen fort. Die Skulpturen wurden schlanker gestaltet als ihre Vorgänger in Yungang und mit zahlreichen dekorativen Elementen versehen. Außerdem fielen ihre Gewänder loser. Eine besondere Höhle ist die „Zehntausend-Buddha-Höhle“ aus dem Jahr 680, die ihren Namen 15 000 kleinen Buddha-Figuren verdankt.

Im Norden wie im Süden Chinas wurden tausende Tempel errichtet und unzählige Kultbilder aus Stein, Ton oder Bronze angefertigt. Sie alle gehen auf Stiftungen von Regenten oder Adligen zurück, die durch diesen Einsatz ihre Verdienste mehren wollten. Das früheste bekannte chinesische Buddha-Bildnis ist eine kleine feuervergoldete Bronzestatue aus dem Jahr 338, die heute im Asian Art Museum in San Francisco aufbewahrt wird. Wie auch die anderen Werke aus der frühen Phase der buddhistischen Kunst Chinas weist dieses Bildnis Stilelemente aus Gandhara auf. Charakteristisch für die skulpturalen Formen dieser Zeit ist eine gewisse Zweidimensionalität, die ihre Wurzeln in der chinesischen Malerei hat und erst später in eine plastischere Gestaltungsform übergehen sollte.

Von der Zeit zwischen dem 4. und 6. Jahrhundert, die durchaus als eine Vorblüte der buddhistischen Kunst bezeichnet werden kann, zeugen heute neben Kleinbronzen nur noch die Höhlentempel. Da die Werke Südchinas weitgehend verloren gingen, basiert unsere Kenntnis des damaligen Schaffens im Wesentlichen auf den Zeugnissen der nordchinesischen Kunst. Diese waren zunächst deutlich durch Gandhara geprägt, integrierten dann aber auch Stilelemente der Amaravati- und der Gupta-Kunst, die über Südostasien zunächst in den Süden und von dort aus in den Norden Chinas gelangt waren. Allmählich bahnte sich ein typisch chinesischer Stil an, der die nördlichen und südlichen Kunstrichtungen Chinas und indische Elemente zu einer eigenständigen Synthese verschmolz.

Die Blütezeit künstlerischen Schaffens

Mit der Vereinigung Chinas unter der Sui-Dynastie (589–618) brach die Blütezeit der buddhistischen Kunst an, die sich in der Tang-Zeit (618–907) fortsetzte. Die sinisierten buddhistischen Schulen machten weit über die Grenzen hinaus von sich reden, so dass Mönche aus ganz Asien zu Studienzwecken in das Reich der Mitte reisten. Da mehrere Traditionen den Buddha Amitabha in das Zentrum der Verehrung rückten, wurde er ein bleibendes Hauptmotiv der Kultbilder.

Die Tradition des Reinen Landes (*jingtu*) war eine der Schulen, die dem Buddha Amitabha große Bedeutung beimaßen. Vertrauensvoll riefen die Gläubigen immer wieder den Namen des Buddha

Die chinesischen Pagoden sind zwar auf die indischen Stupas zurückzuführen, haben jedoch mit ihrer quadratischen, sich nach oben hin verjüngenden Form eine ganz eigene Entwicklung eingeschlagen. Gängige Materialien für den Pagodenbau waren Holz, Stein und Ziegel. Die einzelnen Stockwerke enthalten häufig Nischen für Kultfiguren. Xiang-Pagode, 18. Jahrhundert n. Chr., Peking

an, um nach dem Tod in seinem Westlichen Paradies, dem Reinen Land, wiedergeboren zu werden. Denn wer im Reinen Land wiedergeboren wurde, konnte im darauf folgenden Leben direkt in das Nirvana eingehen. Da die Lehre der Reinen Landes eine Befreiung durch Vertrauen betonte, die nicht zwangsläufig an ein klösterliches Leben gebunden war, konnte sie sich auch unter Laien rasch verbreiten.

Die zweite Schulrichtung, die sich auf Buddha Amitabha konzentrierte, war der Tiantai-Buddhismus, dessen Name auf den heiligen Berg Tiantai zurückgeht. In dieser Schule galt nicht die Rezitation von Amitabhas Namen, sondern die Vollbringung guter Taten als die wesentliche Voraussetzung für eine Wiedergeburt im Westlichen Paradies.

Mit großer Lebendigkeit erzählen unzählige Wandmalereien in Tempeln oder auf Rollbildern vom lichten Buddha und seinem Paradies. Amitabha erscheint als zentrale Figur, umgeben von einer Schar Bodhisattvas sowie in Begleitung von Mönchen und himmlischen Wesen. Die Seligkeit der Wiedergeburt findet ihren Ausdruck etwa in der Darstellung kleiner Kinder auf Lotosblüten. Ein weiteres beliebtes Bildmotiv war der Buddha Amitabha, der sich schwebend einem Verstorbenen nähert, um ihn in sein Paradies aufzunehmen.

Neben Amitabha gewann der mitleidvolle Bodhisattva Avalokiteshvara, der in China Guanyin genannt wurde, große Bedeutung. Er galt als Vermittler zwischen den Menschen und dem Buddha Amitabha sowie als Begleiter Verstorbener in das Westliche Paradies. Einige Bilder zeigen Guanyin

Links: *Nachdem die Herrscher der Nördlichen Wei-Dynastie 494 ihre Hauptstadt nach Luoyang verlegt hatten, ließen sie ganz in der Nähe die Höhlentempel von Longmen errichten. Die Kultfiguren wurden in Halb- oder Vollrelief gemeißelt sowie in verschiedenen Körper- und Handhaltungen dargestellt.*

Rechts: *Der sitzende Buddha in einer Grotte von Longmen wird von seinen Lieblingsschülern flankiert. Grotten dieser Art dienten den Mönchen häufig als Meditationshöhlen. 7. Jahrhundert n. Chr.*

in ebendiesen Funktionen. Gleichermaßen wurde der Bodhisattva auch als einzelne Kultfigur plastisch dargestellt. Das älteste Bildnis Guanyins, eine Bronzefigur, stammt aus den Jahren 400–420. Da die Bodhisattvas im indischen Buddhismus als geschlechtslos betrachtet wurden, zeigten die frühen chinesischen Bildnisse Guanyin als ein solches Wesen. Um die Eigenschaften der Empathie und des Mitgefühls zu unterstreichen, verliehen die Künstler der Tang-Zeit dem Bodhisattva jedoch zunehmend weibliche Züge, bis er schließlich als weibliche Gottheit der Barmherzigkeit auftrat. Gegen Ende der Tang-Zeit hatte Avalokiteshvara bzw. Guanyin solche Popularität erreicht, dass sich ein eigener Kult um den Bodhisattva bildete. Seine herausragende Stellung zeigte sich auch in Gemälden, die ihn in den Mittelpunkt der Darstellung rückten und ihn so den anderen Buddhas und Bodhisattvas überordneten.

In der Tang-Zeit (618–907) setzte sich ein Stilwandel durch, der sich bereits im 6. Jahrhundert angebahnt hatte. In der Malerei und der Plastik wurden Kompositionen von großer Komplexität geschaffen, die einer Hauptfigur etliche Begleiter zuordneten. Die Bildhauer entdeckten die Dreidimensionalität und verliehen den Skulpturen plastischere Formen. Zeichneten sich die früheren Bildnisse noch durch eine gewisse archaische Härte aus, so wich diese nun der Weichheit, Wärme und Anmut. Auch gingen zahlreiche Ornamentmotive in die Darstellungen ein. Die Kunstwerke wurden sehr organisch und strahlten in der Form- und Farbgebung Natürlichkeit und Harmonie aus. Überdies erschienen die Buddhas und Bodhisattvas nicht mehr als fern entrückte Wesen, sondern als Wesen, die den Menschen wohlwollend gegenüberstehen.

Zu dem Mahayana waren in der Tang-Zeit auch die Lehren des Vajrayana aus Indien nach China vorgedrungen. Auf ihrer Grundlage bildete sich die esoterische oder geheime Schulrichtung (*mizong*), die eigene Bildnisse hervorbrachte. Die Ikonografie ging Hand in Hand mit dem vielgestaltigen Pantheon und der reichen symbolischen Welt dieser Schulen. In Plastiken und Rollbildern wurden die zahlreichen Buddhas und Bodhisattvas ebenso kunstfertig eingefangen wie Schutz- und Wächtergottheiten, von denen manche einen Furcht erregenden Ausdruck annahmen. Da die Geheimschule in besonderem Maße von der Buddhistenverfolgung im 9. Jahrhundert betroffen war, ist ihre Kunst beinahe völlig verschwunden.

In China gab es noch eine andere buddhistische Tradition, die sich zwar kaum der Darstellung von Buddhas und Bodhisattvas widmete, aber dennoch einen essenziellen Beitrag zur buddhistischen Kunst lieferte und daher kurz erwähnt werden soll.

Folgende Doppelseite:
Die Tempelanlage von Longmen, deren Bau sich über Jahrhunderte fortsetzte, umfasst mehr als 2000 Grotten mit unzähligen Kultfiguren, von denen einige kolossale Maße annahmen. Beim Fengxian-Tempel thront der 17 Meter hohe Buddha Vairochana zwischen Bodhisattvas. Er wird flankiert von zwei kraftvollen Gestalten, dem Himmelskönig des Nordens und einem Dvarapala, einem Wächter der buddhistischen Lehre. Der Inschrift am Sockel der Skulptur ist zu entnehmen, dass das Werk in der Zeit von 672–675 geschaffen wurde.

Budai gilt als eine Metamorphose des künftigen Buddha Maitreya. Bis heute erfreut sich der lachende Dickbauchbuddha in China ebenso großer Beliebtheit wie in Japan, wo er unter dem Namen Hotei verehrt wird. Der Budai aus Shanghai, China, hat in der rechten Hand einen buddhistischen Rosenkranz. Gewöhnlicherweise umfasst der Rosenkranz 108 Perlen als Symbol für die 108 menschlichen Leidenschaften. In China gibt es aber auch Rosenkränze mit 18 Perlen, die für die Lohan stehen.

Der Chan-Buddhismus, der im Westen besser unter seiner japanischen Bezeichnung „Zen" bekannt ist, wurde der Überlieferung nach von dem indischen Mönch Bodhidharma (um 480–520) gegründet. Im Zentrum des Chan stehen die Meditation und die unmittelbare Erfahrung, während Schriften relativ wenig Bedeutung haben. Vielmehr ereignet sich die Überlieferung in der direkten Beziehung zwischen Meister und Schüler. Daher wurden in der Malerei und Plastik des Meditationsbuddhismus häufig die großen Meister abgebildet, denen die Tradition ihr Leben verdankt. Ein weiterer wichtiger Zweig der Chan-Kunst war die Kalligrafie. In wenigen Pinselstrichen vermochte sie ein wesentliches Wort der Lehre ebenso zum Leben zu erwecken wie den innerlich gesammelten und wachen Zustand des Kalligrafen. Charakteristisch für den Stil des Chan ist seine Schlichtheit in Form und Farbe sowie eine gesammelte, gleichwohl kraftvolle Unmittelbarkeit im Ausdruck.

Dickbauchbuddhas und Lohans

Ab der Mitte des 9. Jahrhunderts litt der Buddhismus unter schweren Verfolgungen, wodurch auch die Kunst in hohem Maße betroffen war, da der Großteil der Kunstwerke vernichtet wurde. Darüber hinaus verlor er in den folgenden Jahrhunderten an Bedeutung, während der Konfuzianismus einen Aufschwung erlebte. Seit dem 10. Jahrhundert begannen die Grenzen zwischen beiden Lehren zu verschwimmen, bis sich in der Ming-Dynastie (1368–1644) die Überzeugung durchsetzte, dass die drei Lehren, das heißt der Konfuzianismus, der Buddhismus und der Daoismus, ihrem Wesen nach eins seien. Zwar wurden auch nach der Blütezeit der buddhistischen Kunst weiterhin Kultfiguren angefertigt, doch im Laufe der Jahrhunderte büßte die Bildhauerei zunehmend an Kreativität und religiöser Inspiration ein, bis sie schließlich starr wurde. Insgesamt prägte ein zunehmender Realismus die Skulpturen, die nun häufig aus Holz oder Ton angefertigt wurden.

Immer noch zählten Amitabha und Shakyamuni zu den Hauptmotiven, doch es nahmen nunmehr zwei weitere Figuren Gestalt an, die sich bis heute großer Beliebtheit erfreuen. Eine ist der auch im Westen gut bekannte dickbauchige lachende Buddha. Budai, eine chinesische „Erfindung", gilt als eine Metamorphose des zukünftigen Buddha Maitreya. Er schmückt viele Tempel und wurde auch nach Japan überliefert.

Die zweite Gestalt ist die des Lohan, die dem indischen Arhat entspricht und das Ideal der Theravada-Buddhisten darstellt. Auch wenn es heißt, dass es 500 Arhats oder Lohans gäbe, so versinnbildlicht diese Zahl allein die Vielzahl dieser Weisen.

Die weisen Lohans sollen magische Fähigkeiten wie die Macht über Raum, Zeit und Natur besitzen. In der Kunst werden sie häufig in extremer Gestalt dargestellt, aber auch in ruhiger, gesammelter Haltung, wie es die überlebensgroße, vergoldete Holzskulptur aus der Ming-Zeit (1368–1644) zeigt. Berlin, Museum für Völkerkunde

In Wirklichkeit werden 18 große Lohans verehrt, die einer chinesischen Überlieferung zufolge vom Buddha Shakyamuni die höchste Lehre empfangen haben, kurz bevor er in das Parinirvana eintrat. Überdies soll ihnen der Buddha ans Herz gelegt haben, die Lehre für die Nachwelt lebendig zu halten. Lohans wurden meistens in Gruppen dargestellt und viele chinesische Klöster besaßen eine Halle mit teilweise bis zu mehreren hundert Lohan-Statuen. Da keine Regeln für die Darstellung eines Lohan bestehen, erscheinen die Figuren in verschiedenen Haltungen, mit unterschiedlichen Emblemen und in allen Altersstufen. Häufig werden sie als sehr exzentrische Wesen gezeigt, die im Auge des Betrachters fast grotesk anmuten. Typisch für einen Lohan ist sein intensiver Ausdruck, der eine strenge Selbstkontrolle, die unermüdliche Bemühung nach Erleuchtung und eine hohe Stufe der Spiritualität andeutet.

Unter den Kommunisten schließlich, vor allem während der Kulturrevolution, wurden der Buddhismus und alle anderen Religion unterdrückt sowie unzählige Tempel und Kunstwerke zerstört oder beschädigt. Ein zaghaftes Wideraufkeimen religiöser Interessen und Bedürfnisse und nicht zuletzt der gewinnbringende Tourismus haben dazu geführt, dass in neuerer Zeit einige heilige Stätten wieder aufgebaut oder restauriert wurden.

Links:

Der Kult um Guanyin, den barmherzigen Bodhisattva Avalokiteshvara war in China sehr verbreitet. Die hölzerne Plastik aus China (links) zeigt Guanyin in der Haltung der königlichen Bequemlichkeit (rajalilasana), die für diesen Bodhisattva ebenso typisch ist wie für Manjushri. Kopf- und Körpernimbus sind reich verziert.

Rechts:

Ebenfalls chinesischer Provenienz ist das Bronzebildnis des 16. Jahrhunderts (rechts) von Guanyin in seiner 18-armigen Gestalt auf einem Lotosthron. Berlin, Museum für Völkerkunde

Korea
Das Buddhaland

Frühe Kultfiguren und Tempel

Als der Buddhismus von China aus nach Korea gelangte, war Korea in drei Reiche geteilt. Die ersten Missionare erreichten im Jahr 372 das nördliche Königreich Koguryo, zwölf Jahre später das südwestliche Paekche und erst im Jahr 528 das südöstliche Silla. Die Einführung des Buddhismus in Korea ereignete sich im Rahmen eines umfassenden Kulturtransfers, und so übernahmen alle drei Königreiche neben der Religion zahlreiche Elemente der chinesischen Zivilisation, wie etwa die Schrift. Ähnlich wie in China drang die buddhistische Religion zunächst in die Oberschicht ein, der sie ein überlegener Ersatz für die herrschenden schamanistischen Glaubensvorstellungen zu sein schien, und verbreitete sich erst später im Volk. Jahrhundertelang stand der Buddhismus in Korea unter der Förderung der Könige und damit auch unter ihrer Kontrolle.

Die berühmte vergoldete Bronzestatue des Miruk aus dem späten 6. Jahrhundert gehört zu den Nationalschätzen Koreas. Koreanische Bildhauer stellten Miruk sehr häufig in der nachdenklichen Pose dar. Der Bodhisattva führt die rechte Hand zu seinem leicht gesenkten Gesicht und lässt das linke Bein herabhängen, während das rechte Bein angewinkelt auf dem Thron und dem linken Knie ruht. Der linke Fuß steht auf einer Lotosblüte. Auf dem Kopf trägt Miruk eine einfache Krone in Blütenform. Eine Besonderheit dieser Statue ist der unbekleidete Oberkörper, ein Erscheinungsbild, das äußerst selten auftritt. Ursprünglich besaß der Bodhisattva einen Nimbus, der jedoch verloren gegangen ist. Seoul, National Museum of Korea

Nachdem die Lehren des Mahayana zunächst in vereinfachter Form gelehrt worden waren, entstanden auf der Basis des chinesischen Buddhismus im Laufe der Zeit verschiedene koreanische Schulrichtungen. Gegen Ende der Vereinten Silla-Periode (668–935) waren neben der Girlanden-Tradition verschiedene Meditationsschulen von Bedeutung. Darüber hinaus setzte sich der Glaube durch, dass sieben berühmte Tempel die Wohnstätten von sieben Buddhas der Vergangenheit waren und Korea seit jeher ein Buddhaland gewesen war.

Die ersten buddhistischen Kultfiguren wurden zu Beginn des 6. Jahrhunderts in Koguryo geschaffen. Einerseits orientierte sich die frühe buddhistische Kunst Koreas an chinesischen Vorbildern, andererseits entwickelte sie eigene Stilelemente, die auch in späteren Zeiten beibehalten wurden. Eine einfache Form, ein zartes und sanftmütiges Antlitz, schlichte, flache Gewandfalten sowie verhältnis-

Mit Geschenken wie einer Buddhastatue haben sich Pilger auf den Weg gemacht. Malerei im Haeinsa-Tempel, Korea

mäßig große und jugendliche Gesichter sind typische Merkmale koreanischer Buddha- oder Bodhisattva-Bildnisse.

Da sich zur Zeit der Drei Reiche die Shelun-Tradition des Buddhismus herausbildete, deren zentrale Kultfigur Maitreya war, wurde der zukünftige Buddha seit dem Ende des 6. Jahrhunderts sehr häufig dargestellt. Weit verbreitet waren Statuen, die Maitreya oder Miruk, wie die Koreaner ihn nennen, in nachdenklicher Pose zeigten. Etwa zeitgleich entstanden auch Bildnisse des Bodhisattva Avalokiteshvara. Tempelanlagen aus der Periode der Drei Reiche sind heute nicht mehr erhalten. Doch Ausgrabungen vermitteln ein Bild ihrer beachtlichen Größe sowie der axialen Anordnung der einzelnen Gebäude, die später von den Japanern übernommen wurden.

Im Jahr 668 vereinte das südliche Silla-Reich die drei Königreiche und regierte Korea von seiner alten Hauptstadt Kyongju aus. Wie prächtig diese heute untergegangene Stadt war, offenbaren etwa 15000 von Archäologen geborgene Objekte, die aus der Anfangszeit des Vereinten Silla-Reiches stammen und überwiegend buddhistischer Natur sind.

Im 8. Jahrhundert ließ der Premierminister Kim Taesong zwei Tempel bauen, die große Berühmtheit erlangten. Den Sokkuram widmete der tief gläubige Buddhist den Eltern seiner früheren Leben, den Pulguksa, den „Buddhaland"-Tempel, den Eltern seines damaligen Lebens. Dank mehrfacher Renovierungen blieb die große terrassenförmige Tempelanlage Pulguksa der Nachwelt erhalten. Sie umfasst mehrere Hallen, in denen verschiedene Buddhas und Bodhisattvas verehrt werden, und nennt zwei berühmte Steinpagoden sowie zwei monumentale Bronzestatuen ihr Eigen. Der künstliche Höhlentempel Sokkuram auf dem Berg Toham wurde dagegen aus großen Granitblöcken errichtet. In seinem Inneren thront eine majestätische Statue des Buddha Shakyamuni, der in tiefer Sammlung die Erdanrufungsgeste ausführt. Dieser Ruhe stehen die vielgestaltigen Buddhas und Bodhisattvas in lebendiger Haltung gegenüber, die auf den Reliefs an den Wänden abgebildet sind. Zweifellos gehören die Steinmetzarbeiten beider Tempel zu den großen Meisterwerken der buddhistischen Kunst Koreas. Während sie deutlich koreanischen Stils sind, lassen die Bronzestatuen eher chinesische Einflüsse erkennen, die etwa in der betonten Ausgestaltung der Gewandfalten zutage treten.

Höfischer Glanz und Volkstum

Seine goldene Ära erreichte der Buddhismus in Korea während der Koryo-Dynastie (918–1392).

Er war als Staatsreligion anerkannt und im ganzen Volk weit verbreitet. Die Erhebung des Buddhismus zur Staatsreligion und sein Verständnis als ein wirkmächtiger Schutz gegen Feinde hatte zur Folge, dass die Regenten im ganzen Land eine große Anzahl Tempel errichten ließen. Nicht selten geschah es auch, dass sich ein Prinz vom Hof zurückzog, um den Weg des Mönchtums einzuschlagen.

Da die Herrscher dieser Dynastie vor allem die buddhistische Lehre der Wiedergeburt im westlichen Paradies favorisierten, entwickelte sich der Buddha Amitabha zum Hauptmotiv kultischer Darstellungen. Aber auch vom Buddha Vairochana fertigten die Künstler zahlreiche Skulpturen an, da dieser Buddha im Zentrum der Verehrung der Girlanden-Schule stand. Der Hof förderte die buddhistische Kunst in allen Bereichen. Es entstanden illuminierte Schriften von großer Eleganz und feiner Schönheit. Ebenso wurden Wand- und Seidenmalereien angefertigt, die vorwiegend von Amitabha und seinem Paradies erzählten. Bildhauer begannen, neben Bronze auch Eisen als Material zu schätzen. Obwohl einige Eisenskulpturen kolossale Maße erreichten, gelang es den Künstlern dennoch, die Feinheiten des typisch koreanischen Stils aus der Anfangsphase des Buddhismus zu bewahren. Als eine der größten Errungenschaften damaliger

Die 33 Meter hohe und 160 Tonnen schwere Figur des künftigen Buddha Maitreya wurde 1872 gegossen, im Laufe der Zeit mehrfach erneuert und schließlich im Jahr 1989 aus Kupfer gefertigt. Seine rechte Hand hat Maitreya zur Geste der Schutzverheißung (abhaya-mudra) erhoben, seine Linke nimmt die Geste der Wunschgewährung (varada-mudra) ein. Popchusa-Tempel, Korea

*„Mag hundert Jahre man leben
Und nicht die höchste Wahrheit schau'n:
Besser ist's einen Tag leben,
Wenn man die höchste Wahrheit schaut."*

Gegenüber: *Der Buddha Shakyamuni in dem kreisförmigen Höhlentempel Sokkuram blickt nach Osten, in die Richtung der aufgehenden Sonne, die seine urna zum Strahlen bringt. Er führt die Geste der Erdanrufung (bhumisparsha-mudra) aus, die auf seinen Sieg über die Leidenschaften sowie die Erleuchtung hindeutet und somit eines der wichtigsten Ereignisse in seinem Leben darstellt. Hinter der Statue befinden sich in symmetrischer Anordnung Hochreliefs und Figuren in Nischen, die Bodhisattvas, Schüler des Buddha und Himmelskönige darstellen. Die Plastik, die einschließlich des Lotossockels fünf Meter hoch ist, gehört zu den Meisterwerken der Vereinten Silla-Periode. Der etwa ein Meter breite Abstand zwischen der Figur und der Wand erlaubt nur einer Person, den Buddha andachtsvoll zu umrunden. Kyongju, 1. Hälfte des 8. Jahrhunderts*

Zeit gilt der koreanische „Tripitaka auf 80000 Holzplatten". Die insgesamt 81258 Druckplatten des buddhistischen Kanons wurden zwischen 1236 und 1251 ein zweites Mal hergestellt, nachdem die erste Version aus dem frühen 11. Jahrhundert dem Mongolensturm zum Opfer gefallen war.

Die Hochschätzung des historischen Buddha blieb in Korea ungeachtet aller Schulbildungen stets lebendig. Sie erwies sich in der berühmten Statue des Sokkuram ebenso wie in der Reliquienverehrung. Im Jahr 1119 gelangte ein Zahn des Buddha Shakyamuni nach Korea. Anfänglich wurde er im Buddha-Zahn-Palast im Hof der Shipwon-Halle aufbewahrt, später jedoch in den Yongsan-Tempel überführt, wo er seither in fünf ineinander geschachtelten kostbaren Gefäßen ruht. Die sorgfältige Herstellung von Reliquienbehältern war bereits seit der Mitte des 7. Jahrhunderts in Korea eine eigene Kunstform. Die Behältnisse aus wertvollen Materialien wie Gold, Silber, Perlmutt oder Duftholz wurden äußerst kunstfertig ausgestaltet und unterstrichen auf diese Weise die Bedeutung ihres Inhalts. Im Allgemeinen bestattete man Reliquien in Tempeln oder in den Pagoden im Zentrum von Tempelanlagen, wobei Pagoden mit den Reliquien des Buddha, zu denen auch die Sutras gehörten, als vollkommene Verkörperungen des Erleuchteten betrachtet wurden.

Unter der Yi-Dynastie (1392–1910) gewann der Konfuzianismus großen Aufschwung, während der Buddhismus einen Niedergang erlebte und zeitweise systematisch verfolgt wurde. Viele Mönche zogen sich in die Berge zurück. Zwar hatte die buddhistische Religion im Volk weiterhin Bestand, doch sie konnte sich nie wirklich von den Verfolgungen erholen. Die buddhistische Kunst verlor ihren höfischem Glanz und wendete sich der Unmittelbarkeit und Einfachheit ihrer volkstümlichen Traditionen zu. Die Figuren nahmen deutlich koreanische Züge an, die sich in einem breiten, freundlichen Gesicht und einem leicht gedrungenen Körperbau äußerten. Traditionellen ikonographischen Vorgaben folgten die Künstler nur noch bedingt. Vielmehr vermischten sie verschiedene Elemente in einer Plastik, indem sie etwa einen Buddha nicht mit der ihm eigenen Handhaltung darstellten, sondern mit der Geste eines anderen Buddha. Ein beliebtes Thema waren die zehn Höllenkönige und alle nur erdenklichen Höllenqualen, die auch im volkstümlichen Buddhismus anderer asiatischer Staaten bekannt waren.

In späteren Werken der Malerei und Plastik dominierten jene Dynamik, Fantasie und Farbenfreude, die heute dem Besucher vieler buddhistischer Heiligtümer Koreas sofort ins Auge fallen.

Japan
Schatzhaus buddhistischer Kunst

Eine fremde Religion schlägt tiefe Wurzeln

In kaum einem anderen Land wurde die buddhistische Kunst so kontinuierlich bewahrt wie in Japan. Obwohl der japanische Buddhismus nicht nur Blütezeiten erlebte, wurde er niemals schwerwiegend verfolgt, und daher erlitten die Kunstwerke keinen unwiederbringlichen Schaden. Heute blicken die Japaner stolz auf ihre 80 000 Tempel, von denen einige, wie der Todaiji in Nara, wahre Schatzhäuser buddhistischer Skulptur und Malerei sind. Darüber hinaus leisten die frühen Kunstwerke Japans einen wesentlichen Beitrag zum Verständnis der Kunstgeschichte Chinas und Koreas. Denn sie orientierten sich stilistisch an den Werken dieser beiden Länder und werfen so ein Licht auf eine Kunst, die sonst größtenteils verloren gegangen ist.

Die erste offizielle Begegnung zwischen Japan und dem Mahayana-Buddhismus ereignete sich im Jahr 552, als buddhistische Mönche aus dem koreanischen Königreich Paekche heilige Schriften und eine Buddhastatue dem Kaiserhof zum Geschenk machten. Nachdem der Buddhismus auf die japanische Inselwelt gekommen war, blieb er neben dem schon bestehenden Shintoismus lange Zeit eine Fremdreligion, die nur in aristokratische Kreise einging. Zu Beginn wurde er nicht so sehr um seiner selbst willen wertgeschätzt, sondern vielmehr als eine unter vielen Errungenschaften, die aus dem kulturell höher entwickelten und daher sehr verehrten China stammten. Bis sich die Religion auch in den nichtaristokratischen Schichten durchsetzen konnte, sollten noch sechs Jahrhunderte vergehen.

In Japan war die animistische Religion des Shintoismus verankert, deren Anhänger dem Buddhismus mit Widerstand begegneten. Ähnlich wie in China konnte die fremde Religion auch hier nur heimisch werden, indem sie sich anpasste und der angestammten Glaubenswelt entgegenkam. So vollzog sich schon früh eine Integration einiger Elemente des Shintoismus in den Buddhismus. Im Laufe der Jahrhunderte entstanden verschiedene Schulrichtungen, die in den buddhistischen Schulen Chinas gründeten, aber eigene japanische Züge annahmen. Die metaphysischen Lehren der frühen japanischen Schulen im 7./8. Jahrhundert waren so kompliziert, dass sie außerhalb der Klöster kaum verstanden wurden. Zu Beginn des 9. Jahrhunderts wurden die Tendai- und die Shingon-Schule eingeführt, die bis heute Bestand haben. Erst Anfang des 13. Jahrhunderts erreichte der Buddhismus in drei unterschiedlichen Formen auch das einfache Volk. Zum einen gab es Schulen, die den Buddha Amitabha verehrte, zum anderen verschiedene Zen-Traditionen und schließlich die Nichiren-Schule, deren Glaubenslehren auf dem Lotos-Sutra basierten.

Gegenüber:

Als der Buddhismus in Japan auch vom Volk aufgenommen worden war, schenkten viele Privatleute einem Tempel oder Kloster ein Kultbildnis. Auch die Großplastik des sitzenden Amida aus dem 13. Jahrhunderts ist eine solche Gabe. Die 11,4 Meter hohe, innen hohle Bronzestatue besaß einst ihren eigenen Tempel, steht aber heute im Freien in der Nähe von Kamakura, Japan.

„In der Welt ist uns nichts eigen; man muß alles verlassen und hingehen.“

Wie in anderen asiatischen Ländern verdankten auch in Japan der Buddhismus und seine Kunst ihr Gedeihen der Unterstützung der Herrscher. Die Kunst entfaltete sich in drei großen Phasen. Vom 6. Jahrhundert an waren die religiösen Bildnisse deutlich von China und Korea geprägt, während die Bildhauer in der zweiten Phase, die um 800 begann, eigene Techniken und Stile entwickelten. Gegen Ende dieser Phase prägte der höfische Geschmack die Buddhabildnisse, die sich nunmehr durch kultivierte Eleganz auszeichneten. Ab dem späten 12. Jahrhundert, in der dritten Phase, begann man, die in Bürgerkriegen zerstörten Kunstwerke und Tempel zu restaurieren, und besann sich dabei auf frühere Kunsttraditionen. Die Eleganz räumte einem sehr kraftvollen und naturalistischen Ausdruck den Platz. Darüber hinaus entwickelte sich die Kunst des Zen, die einen außerordentlichen Beitrag zur japanischen Kultur leistete. Vom 16. Jahrhundert an verlor die Kunst des Buddhismus ihre frühere Schöpfungskraft und Bedeutung, wenngleich der Buddhismus selbst die am weitesten verbreitete Religion Japans blieb.

Buddhabildnisse und Tempellandschaften

Zu Beginn also ließen sich die Künstler weitgehend von koreanischen und chinesischen Werken inspirieren, sei es in der Architektur, der Bildhauerei oder der Malerei. Der erste große Förderer der buddhistischen Kunst war Shotoku Taishi (574–622), der den Buddhismus zur Staatsreligion erklärte und 40 Tempel errichten ließ. Seine berühmteste Hinterlassenschaft ist der Horyuji. Die kleine Tempelanlage bei Nara zählt nicht nur zu den ältesten noch erhaltenen Holzbauten der Welt, sie beherbergt auch unzählige Kunstschätze. In der Goldenen Halle steht das Hauptkultbild des Tempels, eine Shakyamuni-Trias aus dem Jahr 623, die zu Ehren Shotoku Taishis mit verlorener Form gegossen wurde und zu den wichtigsten frühen Bronzebildnisse zählt. Die Skulptur zeigt den Buddha Shakyamuni, dem zwei Bodhisattvas zur Seite stehen. Der Flammennimbus des Shakyamuni ist mit kleinen sitzenden Buddha-Figuren verziert und außerordentlich fein gearbeitet. Die Frontalität der Skulptur und ihre geringe plastische Ausgestaltung lässt nordchinesische Einflüsse aus dem 6. Jahrhundert erkennen. Die japanischen Künstler lehnten sich hier an einen Stil an, der bereits hundert Jahre alt war. Erst in der folgenden Dynastie, als häufige Reisen zwischen China und Japan unternommen wurden, integrierte die japanische Kunst chinesische Stilmerkmale aus der gleichen Zeit.

In der Nara-Periode (645–794) setzte ein reger Austausch zwischen Japan und China ein, der von

Pilgermönchen, Gelehrten und Diplomaten getragen wurde. Die Japaner integrierten viele Elemente der chinesischen Kultur, so auch den Kunststil der Tang-Zeit, der Blütezeit der chinesischen Kunst. Demzufolge nahmen die Skulpturen weichere und rundere Formen an und gewannen somit an Natürlichkeit.

Ab Mitte des 8. Jahrhunderts ließ Kaiser Shomu (reg. 724–749) im ganzen Land Tempel errichten. In den Mittelpunkt dieser Tempellandschaft stellte er den Todaiji in Nara, der seither das Zentrum der Kegon-Schule ist. Die Anhänger dieser Tradition konzentrieren sich auf die Verehrung des Buddha Vairochana und erachten ihn als den Universalbuddha, aus dem der Buddha Shakyamuni und alle anderen Buddhas als Emanationen hervorgegangen sind. So thront im Todaiji auf einem Lotossitz ein rund 16 Meter hoher Vairochana, der aus Bronze gegossen und vergoldet wurde. Einer Biografie des Kaisers Shomu gemäß benötigten die Bildhauer für die Herstellung dieser Skulptur 380 Tonnen Kupfer und Zinn.

Während der Große Buddha seine Berühmtheit eher der Größe als künstlerischer Qualität verdankt, beherbergt die Schatzkammer des Todaiji eine Vielzahl wertvoller Kunstwerke, von denen einige zu Nationalschätzen erklärt wurden. Bei einem gewöhnlichen Tempelbesuch sind diese Meisterwerke buddhistischer Kunst nicht zu sehen, doch in gesonderten Ausstellungen werden sie von Zeit zu Zeit der Öffentlichkeit zugänglich gemacht.

Eine wesentliche Technik der buddhistischen Kunst Japans war die Trockenlacktechnik, die im 8. Jahrhundert von China übernommen wurde. Auf ein Ton- oder seltener ein Holzmodell trugen die Künstler schichtweise Tücher auf, die mit Trockenlack getränkt waren. War der Lack getrocknet, entfernten sie das Modell wieder. Sehr feine Details konnten auch mit einer Lackpaste modelliert werden. Mit Hilfe der Trockenlacktechnik schufen die Künstler meisterhafte Figuren, die eine starke Ausdruckskraft besitzen und wie lebendig erscheinen. Ob sie aus Trockenlack angefertigt wurden, aus Holz oder aus Ton, die Plastiken gehören zu den schönsten und bedeutendsten religiösen Kunst-

Die Pagode gehört zum Komplex des Shinshoji, einem Tempel der Fudo Myo-o-Verehrung der Shingon-Schule. Da sie vom Dalai Lama geweiht wurde, wird sie auch „Friedenspagode" genannt. Narita, Japan

werken der Nara-Zeit. Nicht wenige Kunsthistoriker erachten die Skulpturen der späten Nara-Periode sogar als die vollkommensten, die Japan jemals geschaffen hat. Denn diese Bildnisse vereinen vortrefflich einen weihevollen, getragenen Ausdruck mit ausgeprägter Sanftheit und einer großen Sensibilität für die Darstellung des Menschlichen.

Kunstwerke der Tendai- und der Shingon-Schule

In der Heian-Periode (794–1185) wurden zwei buddhistische Schulen gegründet, die für die Kunst maßgebend waren. Die Tendai-Schule ging auf den Mönch Saicho (Dengyo Daishi, 767–822) zurück. Auf der Basis des chinesischen Tiantai-Bud-

Auf den Flügeln der Bronzetür zu einem Räuchergefäß sind zwei Himmelsfeen dargestellt, die beide auf einem Lotos knien. Die Fee links hat ihre Hände in der Gebetshaltung vor der Brust zusammengeführt, während die Fee rechts eine Opferschale in Lotosform darbringt. Kamakura, Japan

dhismus fügte Saicho verschiedene Glaubensvorstellungen zu einer Synthese zusammen. Die Hauptkultfigur war der Buddha Amitabha, der in Japan Amida genannt wird. Zwar hatte es schon früher Darstellungen des Amida gegeben, doch nun rückte dieser Buddha in den Vordergrund des künstlerischen Schaffens und mit ihm auch der Bodhisattva Avalokiteshvara, den die Japaner unter dem Namen Kannon verehrten. Großer Beliebtheit erfreuten sich Darstellungen des Amitabha, der in Gefolgschaft von Bodhisattvas einen Verstorbenen in sein Paradies holt. Selbstverständlich war auch das Paradies selbst ein bevorzugtes Thema. Die Liebe zum Detail sowie eine ausgeprägte Empfindsamkeit für Farbkompositionen zeichnen die bildlichen Darstellungen der Paradiesvisionen aus, die allesamt Freude ausstrahlen. In ihrer Schönheit und Kunstfertigkeit gehören die Gemälde der Tendai-Schule zu den Glanzlichtern der buddhistischen Kunst Japans. Leider sind von ihnen nur noch wenige erhalten.

Die von Kobo Daishi (774–835) gegründete Shingon-Schule hatte ihre Wurzeln im chinesischen Zhenyan-Buddhismus, der Tradition des „Wahren Wortes“. Sie erkannte den Buddha Vairochana als höchsten Buddha an. Wie in allen Schulrichtungen, in denen tantrische Lehren Indiens weiterlebten, war auch das Pantheon der Shingon-Schule überaus vielgestaltig und wurde in lebendigen Skulpturen und Gemälden eingefangen. Manche Figuren nahmen Schrecken erregende Gestalten an, so etwa der Fudo Myo-o, der Zerstörer der Leidenschaften. Sein Symbol ist das von einem Drachen umwundene Schwert, das die drei „Gifte“ Geiz, Zorn und Unwissenheit bekämpft. In der Shingon-Schule gilt Fudo Myo-o auch als eine Manifestation des Buddha Vairochana und wurde als solche mit einem Diamantzepter in der Hand abgebildet.

Im Rahmen des Shingon-Buddhismus entwickelten die Bildhauer die so genannte Ein-Stamm-Technik und fanden mit ihr zu dem typisch japanischen Jogan-Stil. Die aus einem einzigen Holzblock geschnitzten Buddhagestalten nahmen eine kompakte, stilisierte Form an und bekundeten gleichzeitig innere Präsenz und Sammlung. Im 11. Jahrhundert bereicherte die Yosegi-Technik die Plastik. Nun fügten die Bildhauer mehrere Holzblöcke zu einer Figur zusammen, die sie beschnitzten und vergoldeten. Die Hohlräume im Inneren der Figuren wurden zuweilen mit speziellen Gaben wie heiligen Texten oder Reliquien ausgestattet.

In dieser Zeit wandelte sich auch das Verständnis des Künstlers, der nun nicht mehr als ein anonymes Wesen arbeitete, sondern als ein Buddha-Meister anerkannt und namentlich genannt wurde. Ein bekannter Meister war der Bildhauer Jocho.

„Jegliche böse Tat meiden,
Sich hinwenden zur rechten Tat,
Zur Reinheit seinen Sinn läutern:
Aller Buddhas Gebot ist dies.“

Im Jahr 1053, vier Jahre vor seinem Tod, fertigte er eine Amida-Skulptur für den Byodoin-Tempel in Uji bei Kyoto an, die zu den trefflichsten Werken der Heian-Zeit zählt. Vor einem großen Nimbus und unter einem Baldachin, die beide mit reichhaltigem Schnitzwerk versehen sind, meditiert der schlichte Buddha auf einem Lotosthron, wodurch eine eindrucksvolle Spannung entsteht. Jochos meditierender Buddha, der vielen Werken zum Vorbild wurde, strahlt majestätische Ernsthaftigkeit aus und reflektiert gleichzeitig die Freundlichkeit und die heitere Ruhe des damaligen Amida-Glaubens. Statuen wie diese entsprachen dem höfischen Geschmack, der die Kunst in der zweiten Hälfte der Heian-Zeit bestimmte. Schwere Formen und Furcht einflößende Gestalten wichen Figuren von feiner Eleganz, von denen einige auch farbenfroh bemalt und mit Gold verziert wurden.

Rückbesinnung, Dynamik und Unmittelbarkeit

In der Kamakura-Periode (1185–1333) herrschte der Geist der Samurai, deren Hauptquartier Kamakura sich neben Nara und Kyoto zu einem wichtigen Kunstzentrum entwickelte. Auf der Basis des Tendai-Buddhismus entstanden drei bedeutsame Schultraditionen. Die Jodo-Schule stellte das Vertrauen auf Amida in ihren Mittelpunkt, die Nichiren-Schule die im Lotos-Sutra verankerte Praxis und die Zen-Schule die Meditation. Weil die Lehren und Erlösungspraktiken dieser drei Schulen wesentlich unkomplizierter waren, als die der früheren Traditionen, konnte sich der Buddhismus nun auch im einfachen Volk in großem Umfang verbreiten.

Da während der Bürgerkriege in der zweiten Hälfte des 12. Jahrhunderts viele Tempel und Kunstwerke von Nara zerstört worden waren und diese wieder restauriert oder nachgebildet werden sollten, wendete sich die Kunst verstärkt der alten Tradition der Nara-Zeit zu und entdeckte die Natürlichkeit wieder. Im Rahmen dieser Rückbesinnung lebte auch das Interesse am Buddha Shakyamuni neu auf, dessen verschiedene Leben auf Bilderrollen malerisch festgehalten wurden. In der Plastik wurde das idealisierte Buddhabild der ausgehenden Heian-Periode durch naturalistische Darstellungen ersetzt, die durch ihren lebensnahen, dynamischen und beinahe dramatische Ausdruck beeindruckten.

Die weite Verbreitung des Buddhismus hatte zur Folge, dass für die neuen Schulen und ihre Anhänger zahlreiche Tempel gebaut wurden. Die Kunst profitierte von privaten Schenkungen, wie der berühmten, kolossalen Amida-Statue in Kamakura. Der Zen-Buddhismus erfuhr Unterstützung von den Samurai. Er war zwar schon im 8. Jahrhundert nach Japan gelangt, entwickelte sich jedoch erst im 12. Jahrhundert zu einer eigenständigen Tradition. Wenngleich Buddhabildnisse in dieser Tradition kaum eine Rolle spielten, so hat das Zen die japanische Kunst und Kultur tief greifend geprägt und enorm bereichert. In der Plastik und Malerei gewannen die Porträts bedeutender Patriarchen und Meister große Bedeutung. Darüber hinaus entdeckten die Zen-Künstler in der Teezeremonie, dem Blumenstecken, der Tuschemalerei, der Kalligrafie und dem Gartenbau weitere Gestaltungsmöglichkeiten. Der einfache und unmittelbare Stil ihrer Schöpfungen charakterisiert die buddhistische Kunst der Muromachi-Periode (1392–1573). Nach einer Zeit des Niedergangs gewann die Zen-Kunst in der Edo-Periode (1603–1868) in bewusst bescheiden gehaltenen und häufig sehr humorvollen Tuschezeichnungen zeitweise wieder Aufschwung.

Zwar war die Ausstrahlungskraft der buddhistischen Kunst Japans seit dem 14./15. Jahrhundert zunehmend verblasst, doch die Religion hatte in der japanischen Lebenswelt tiefe Wurzeln geschlagen. So bestand der Buddhismus selbst in der Edo- oder Tokugawa-Zeit (1615–1868) weiter, als das Herrscherhaus sich dem Konfuzianismus zuwandte. Durch die Wiederbelebung des Shintoismus während der Meiji-Zeit (1868–1912) wurde der Buddhismus Opfer einer nationalistischen Politik und büßte an Bedeutung ein. Westliche Einflüsse, politische Umstände und nicht zuletzt ein gesellschaftlicher Wandel führten zu einer gewissen Neuorientierung der bestehenden ehrwürdigen buddhistischen Traditionen sowie zur Bildung „moderner“ Laienbewegungen in neuerer Zeit.

Die Darstellung des Buddha Amida, der seinen Kopf über die linke Schulter wendet, beruht auf einer Legende. Es wird erzählt, dass Amida den Mönch Eikan (1033–1111) aufsuchte, als dieser gerade in die Anrufung des Buddha versunken war, und mit ihm die Gebetsrunde drehte. Fassungslos blieb Eikan stehen. Amida wandte seinen Kopf über die linke Schulter und forderte den Mönch auf, mit der Rezitation fortzufahren. Auf dieses Erlebnis hin ließ Eikan die Amida-Figur für den Eikando-Zenrin-Tempel schnitzen und vergolden. Kyoto, Japan

Kapitel 4

Länder des Himalaja

Voller Mitgefühl ruht der Blick des Buddha auf allen Wesen. Ein besonderes Kennzeichen der Stupas des tibetischen Buddhismus sind die aufgemalten Augen des Buddha. Siga-Stupa in Kathmandu, Nepal

„Mit also gesammeltem Geist, mit geläuterten, reinheitsreichem, der von Flecken frei war, aller Schäden entledigt, geschmeidig, der Arbeit sich fügend, feststehend und unentwegt, wandte ich meinen Geist hin auf die Erkenntnis des Untergangs der Verderbnisse. ‚Dies ist das Leiden': also erkannte ich in Wahrheit. ‚Dies ist die Entstehung des Leidens': also erkannte ich in Wahrheit. ‚Dies ist die Aufhebung des Leidens': also erkannte ich in Wahrheit. ‚Dies ist der Weg zur Aufhebung des Leidens': also erkannte ich in Wahrheit. (...) Indem ich also erkannte und also schaute, wurde meine Seele erlöst vom Verderbnis der Lust, und meine Seele wurde erlöst vom Verderbnis des Werdens, und meine Seele wurde erlöst vom Verderbnis des Irrglaubens, und meine Seele wurde erlöst vom Verderbnis des Nichtwissens. Im Erlösten entstand die Erkenntnis: ich bin erlöst. Vernichtet ist die Geburt, vollendet der heilige Wandel, erfüllt die Pflicht; keine Rückkehr gibt es mehr zu dieser Welt: also erkannte ich.

Dies, o Brahmane, ist die dritte Wissenschaft, die ich in der letzten Nachtwache erlangt habe. Das Nichtwissen ist vernichtet, Wissen entstanden. Die Finsternis ist vernichtet, Helligkeit entstanden, wie es sich gebührt für den, der unentwegt in heißem Eifer, sein Selbst dem Streben weihend verharrt."

Gegenüber: *Der Überlieferung zufolge erblickte Manjushri in dem See, der einst das Kathmandu-Tal bedeckte, eine besondere Lotosblüte. An dieser Stelle wurde später der große Stupa von Swayambhunath errichtet, dessen Aufgang hier zu sehen ist.*

Der Vajrayana-Buddhismus

Das Fahrzeug des Diamantzepters

Im 3. Jahrhundert keimte in Nordost- und Nordwestindien auf der Grundlage des Mahayana der tantrische Buddhismus. Etwa 300 Jahre später war er als das so genannte Vajrayana zu einer eigenen Tradition herangewachsen, die ab dem 8. Jahrhundert an indischen Klosteruniversitäten unterrichtet wurde und auch China, Japan und Tibet erreichte. Diese dritte große buddhistische Strömung Indiens legte den Grundstein für die Bildung der Geheimschulen oder esoterischen Schulen Chinas (*mizong*) und der japanischen Shingon-Schule. In Tibet durchdrang das Vajrayana die gesamte buddhistische Praxis. Vajrayana bedeutet „Fahrzeug des Diamantzepters" oder kurz „Diamantfahrzeug". Der Vajra – das Diamantzepter, der Donnerkeil oder der diamantene Donnerkeil – ist das wichtigste Symbol dieser Tradition. Er weist auf das reine, unzerstörbare und durchlässige Wesen des Diamanten hin und symbolisiert einerseits die höchste Buddhanatur und die absolute Wahrheit und andererseits die Macht des Geistes über die Leidenschaften wie auch die Macht des Wissens und der Weisheit über die Unwissenheit. Als Donnerkeil ist der Vajra überdies ein Gleichnis für die Erleuchtung, die der Lehre des Vajrayana zufolge – einem Donnerschlag gleich – unmittelbar erlangt werden kann, und zwar noch in diesem Leben.

Leere und Ureinheit

Das Vajrayana folgt der Philosophie der Schule des „Mittleren Weges", der Madhyamika-Schule, die der Inder Nagarjuna im 2./3. Jahrhundert begründet hat. Eine zentrale Idee dieser Schule ist die Leere, die mit dem diamantenen Wesen der Weisheit gleichgesetzt wird. Da die Erfahrung des Leerseins Befreiung bedeutet, steht sie im Mittelpunkt des religiösen Strebens.

Um die Erlösung und die Gewahrwerdung der diamantenen Buddhanatur zu verwirklichen, bietet das Vajrayana verschiedene Wege an, darunter spezielle Formen der Meditation. Die tantrischen Wege zur Erleuchtung werden in einer Meister-Schüler-Beziehung überliefert. Sie erfordern eine Einweihung durch den Meister und bestimmte Gelübde des Schülers. Die Einweihung ermöglicht dem Gläubigen, in der Meditation eine bestimmte Gottheit zu visualisieren und eben jenen Aspekt des Buddhageistes, den diese Gottheit darstellt, in sich selbst zu erfahren, zu verkörpern und schließlich der eigenen Buddhanatur gewahr zu werden.

Die weibliche Ergänzung zum männlichen Prinzip des Vajra ist die Glocke. Beide Gegenstände spielen im Ritual eine wichtige Rolle, wobei der Vajra in der rechten, männlichen Hand und die Glocke in der linken, weiblichen Hand gehalten wird. Zusammen symbolisieren sie die Ureinheit bei

Zeremonien wie auch in Bildnissen des Adibuddha Vajradhara, der seine Arme vor der Brust kreuzt und so die Glocke auf der rechten männlichen Seite und den Vajra auf der linken weiblichen Seite hält.

Da die Verschmelzung der Polaritäten und die damit verbundene Erfahrung der Ureinheit als Erlösung verstanden wird, ist die mystische Vereinigung in der Kunst des Vajrayana ein wichtiges Thema. Sie findet ihren Ausdruck in Darstellungen der geschlechtlichen Vereinigung der Yidams, die als Emanationen der fünf transzendenten Buddhas betrachtet werden, mit ihrer jeweiligen weiblichen Dakini. Diese, aber auch andere Bildnisse bringen einen weiteren zentralen Aspekt der Lehre und Praxis des Vajrayana zum Ausdruck. Die verlockende Sinnenwelt und alle anderen Bereiche des Lebens und des Universums werden als Teile der Buddha-Wirklichkeit und daher als potenzielle Mittel zur Erlösung betrachtet und demzufolge in die religiöse Praxis und in die Kunstwerke integriert.

Die augenfälligsten Spuren in der Kunst des Vajrayana hat das umfangreiche Pantheon hinterlassen, das die Götterwelt des Mahayana noch um viele Wesenheiten erweiterte und auch weibliche Wesen einbezog. Insofern begegnen wir in allen Ländern oder Regionen des tantrischen Buddhismus vielgestaltigen Figuren, denen die unterschiedlichsten Attribute, Gesten und Körperhaltungen zugeordnet sind, und einer reichen, sehr vielschichtigen Symbolik. Die religiösen Sinnbilder beziehen sich auf die Ebene des Makrokosmos und die des Mikrokosmos, und der primäre Weg, sie zu verstehen, ist die Meditation.

Das Diamantzepter (Sankrit vajra, tib. dorje) und die Glocke (Sanskrit ghanta, tib. dilbu) sind die Hauptkultgeräte des tibetischen Buddhismus. Während das Diamantzepter für das männliche Prinzip steht, symbolisiert die Glocke das weibliche Prinzip. Swayambhunath, Kathmandu

Nepal
Geburtsland des Buddha

Buddhismus neben Hinduismus

Der Buddha Shakyamuni wurde in einer Region geboren, die seinerzeit im indischen Reich lag, heute jedoch zu Nepal gehört. So trat Nepal schon früh mit dem Buddhismus in Kontakt. Die ältesten buddhistischen Zeugnisse gehen auf den indischen König Ashoka zurück, der im 3. Jahrhundert v. Chr. Lumbini, den Geburtsort des Buddha, besuchte und dort eine Gedenksäule errichten ließ. Die Kultur Nepals war indischen Ursprungs und hatte sowohl den Hinduismus wie auch den Buddhismus aufgenommen. Nach der Blütezeit des Buddhismus zwischen dem 8. und 13. Jahrhundert, trat schließlich der Hinduismus wieder in den Vordergrund.

Aus den Schriften Xuanzangs wissen wir, dass sich im 7. Jahrhundert in Nepal buddhistische und hinduistische Heiligtümer und Tempelanlagen in unmittelbarer Nachbarschaft befanden. Der chinesische Pilgermönch berichtet weiterhin, dass es unter den Mönchen Anhänger des Theravada und des Mahayana gegeben hat. Doch der Theravada-Buddhismus blieb nicht bestehen. Vielmehr setzte sich das Vajrayana durch, und zwar in Form eines eigenen nepalesischen Buddhismus, der zudem etliche Elemente des Hinduismus aufnahm. Dieses Miteinander spiegelt sich bis heute in den Tempeln wider, die neben verschiedenen Buddha-Statuen auch Bildnisse hinduistischer Gottheiten beherbergen.

Stupas, Statuen und Miniaturen

In Anlehnung an die frühen Monumente Indiens und Sri Lankas führten die Buddhisten Nepals die Kunst des Stupabaus fort. Ein neues Element hierbei waren Gesichter, die im wesentlichen aus Augen bestanden und auf die vier Seiten des eckigen Stupa-Aufbaus gemalt wurden. Wie der alles umfassende und erbarmungsvolle Blick des Buddha so überschauen diese Augen die gesamte Umgebung und begleiten die Gläubigen auf ihrem andächtigen Pilgergang. Zwei berühmte Stupas, die bis heute zu den bedeutendsten Pilgerzielen des Landes gehören, sind die Heiligtümer von Swayambhunath und Bodhnath im Kathmandu-Tal.

In der Malerei und Plastik griffen die Künstler die Themen auf, die ihnen das Pantheon des Vajrayana anbot. Unter allen Buddhadarstellungen blieben der Buddha Shakyamuni, seine Geburt und seine verschiedenen Leben stets wichtige Motive. Stilistisch lehnte sich die Kunst Nepals eng an die indische Kunst an und folgte ihr über die Jahrhunderte. So waren die ersten buddhistischen Skulpturen deutlich durch die Gupta-Zeit (320–650) geprägt. Die Gewänder fielen in weichen Falten herab und ließen die gerundeten Körperformen durchscheinen. Wärme und Ernsthaftigkeit paarten sich im Antlitz, und die Figuren strahlten spirituelle Kraft und Reinheit aus. Der klassische Gupta-Stil übte auf die Bildhauerei der Folgezeit nachhaltigen Einfluss aus.

Im 8. Jahrhundert standen Indien und Nepal in regem Austausch und die nepalesischen Bildhauer übernahmen den Pala-Stil, der formell dem Gupta-Stil treu blieb und sich außerdem durch üppige Dekorationen auszeichnete, indem etwa die Nimbusse mit floralen Motiven versehen wurden. Zwei Jahrhunderte später drangen die länglicheren Formen aus Bengalen und Bihar in Nepal ein. Die Bildhauer schufen großartige Steinskulpturen mit sehr ausgewogenen Proportionen, in denen auch der klassische Gupta-Stil fortwirkte.

Im 11. Jahrhundert gelangten Bronze-, Silber- und Goldstatuen aus Nalanda und anderen Orten Indiens nach Nepal, und die Künstler begannen, diese vielfach zu kopieren. Darüber hinaus kam die Miniaturmalerei auf, die der Verzierung heiliger Texte diente, aber nicht unbedingt den Inhalt illustrieren musste. Etwa fünf Zentimeter breite und 35 Zentimeter lange Streifen aus gepressten Palmblättern wurden beschrieben und mit winzigen Bildern versehen, die einzelne Figuren darstellten oder Szenen aus den Leben des Buddha Shakyamuni. Stilistisch waren die eleganten und feinen Miniaturen mit den Gemälden von Ajanta verwandt.

Die Kunst des 12. und 13. Jahrhundert zeichnete sich durch einen eigenen nepalesischen Stil aus, der eine Synthese schuf aus den harmonischen Bewegungsformen der Gupta-Skulpturen und den schlanken, kraftvollen Körpern der Pala-Bildnisse. Stets bewahrten die Künstler die wesentlichen Elemente der indischen Kunst und nahmen sich nur bei Details die Freiheit zur Variation. In der Hochzeit der buddhistischen Kunst Nepals entstanden blühende Zentren, die zahlreiche Kultfiguren in tibetische Klöster und Tempel exportierten. Nepal war das Land, das die indische Kunst, vor allem die Kunst des Vajrayana, als sie aus Indien verdrängt worden war, bewahrte und dadurch einen beträchtlichen Beitrag zum Kunstschaffen in Tibet leistete.

Der Jokhang-Tempel in Lhasa wurde im 7. Jahrhundert von Songtsen Gampo gegründet und gehört zu den bedeutendsten Heiligtümern Tibets. Er birgt eine Statue des Buddha Shakyamuni, die Songtsen Gampos chinesische Frau aus ihrem Heimatland mitbrachte, und die den Anfang des Buddhismus in Tibet markiert.

Tibet
Kunst als Weg zur Buddhanatur

Die drei Säulen der Religion

In Tibet, dem Grenzgebiet zwischen Indien und China, nahm der Buddhismus eine eigene Entwicklung, deren Geschichte mit König Songtsen Gampo (reg. 609–649) begann. Songtsen Gampo heiratete eine chinesische und eine nepalesische Prinzessin, die beide Buddhistinnen waren. Seine chinesische Frau brachte eine Statue des Buddha Shakyamuni mit nach Tibet und seine nepalesische Frau eine Statue des Akshobhya. Für beide Buddhas wurde je ein Tempel errichtet, der Ramoche für den Buddha Shakyamuni und der Jokhang für den Buddha Akshobhya. Als man in späterer Zeit die beiden Bildnisse vertauschte, fand der Buddha Shakyamuni seinen Platz im Jokhang, dem wichtigsten Nationalheiligtum Tibets. So hielt also, wie überliefert wird, der Buddhismus in Gestalt zweier Frauen in Tibet Einzug. Songtsen Gampo wurde später als eine Verkörperung des Bodhisattva Avalokiteshvara verehrt und seine beiden Gemahlinnen als die weiblichen Entsprechungen des Avalokiteshvara, nämlich die grüne und die weiße Tara.

Tatsächlich prägten zu Beginn sowohl indische wie auch chinesische Traditionen das buddhistische Leben Tibets, das dann später jene eigenen Formen fand, die das religiöse Leben des tibetischen Buddhismus noch heute bestimmen. Hinsichtlich der Ordensdisziplin und -organisation folgten die Tibeter dem Theravada. In der Philosophie orientierten sie sich am Mahayana, während sie die religiöse Praxis des Vajrayana übernahmen und darin Kulte der einheimischen Bon-Religion einflochten. Auf diesen drei Säulen entstand der eigenständige tibetische Buddhismus, der im Laufe der Geschichte verschiedene Wandlungen durchlebte.

Der Buddhismus erreichte Tibet in zwei Wellen. Im 7./8. Jahrhundert ereignete sich die erste Verbreitung, in deren Verlauf der indische Gelehrte Shantirakshita (8. Jahrhundert) und der indische Tantriker Padmasambhava (8. Jahrhundert) in Samye im Südosten von Lhasa Tibets erstes buddhistisches Kloster gründeten. Doch die Bon-Priesterschaft brachte den erstarkenden Buddhisten heftigen Widerstand entgegen. Überdies kämpfte auch der Adel gegen die neue Religion, die der König wiederum zur Festigung seiner Macht nutzte. Es kam zu schweren Verfolgungen des Buddhismus, die seiner Verbreitung ein Ende bereiteten.

In Westtibet jedoch konnte der Buddhismus überleben, und so begann ab dem 10. Jahrhundert von dort aus die zweite Missionswelle, die bis zum 14. Jahrhundert andauerte. Im 10. Jahrhundert erfuhr der Buddhismus durch den tantrischen Meister Atisha (982–1054) eine grundlegende Reform. Zahlreiche Schriften wurden nun übersetzt, nicht-buddhistische Praktiken ausgemerzt und jene Verknüpfung zwischen dem Studium der Mahayana-Schriften und der tantrischen Praxis hergestellt, die den tibetischen Buddhismus in der Folgezeit charakterisieren sollte. Im Rahmen der zweiten Verbreitung wurden die vier Schulen Kagyüpa, Gelukpa, Nyingmapa und Sakyapa gegründet, die bis heute Bestand haben.

Künstlerische Quellen

Wie der tibetische Buddhismus so wurde auch seine Kunst aus mehreren Quellen gespeist. Der älteste und wohl wesentlichste Einfluss kam aus der Pala-Dynastie (770–1056) in Bengalen und Bihar, wo der buddhistische Tantrismus begonnen hatte. Auf den Pala-Stil geht die Freude an der

Der Potala in Lhasa ist die traditionelle Residenz der Dalai Lamas. Wörtlich bedeutet Dalai Lama „Lehrer, dessen Weisheit so groß wie der Ozean ist". Die Lamas, die Meister des tibetischen Buddhismus, verkörpern die reine Lehre, die sie ihren Schülern übermitteln. Darüber hinaus obliegt ihnen die Ausführung von Ritualen. Da die Lamas eine zentrale Rolle in der Religion spielen, wird der tibetische Buddhismus in der westlichen Literatur häufig auch als Lamaismus bezeichnet.

*„Der Biene gleich, die nicht schädigt
Der Blüten Farbenpracht und Duft –
Den Saft holt sie und fliegt weiter –
So durchwandle der Mönch das Dorf.“*

reichen Ausschmückung von Skulpturen zurück. Die zweite Inspirationsquelle war die Kunst Nepals, die sich selbst auch an den Stil der Pala anlehnte. Vermutlich gelangten nepalesische Werke schon früh nach Tibet. Besonders rege war der Kontakt zum Nachbarland ab dem 13. Jahrhundert, also in einer Zeit, als der Buddhismus aus Indien verdrängt worden war. Damals wurden, wie bereits erwähnt, tibetische Tempel und Klöster mit Bildnissen aus nepalesischen Kunstzentren bestückt. Die Kunst Kaschmirs hinterließ ebenfalls ihre Spuren, vornehmlich in Westtibet, wo eine eigene Kunstschule entstand, die vielerlei Stile hervorbrachte. Ab dem 9. Jahrhundert erreichten überdies zentralasiatische Einflüsse das Land des Schnees. Sie wirkten sich vor allem auf die Malerei aus, wie ein Vergleich von Rollbildern aus Dunhuang und Tibet sichtbar gemacht hat. Chinesische Stilelemente, etwa dekorative Formen und naturalistische Elemente, gingen seit dem 13. Jahrhundert in die Kunst ein.

Seit jeher wurden in der Kunst und religiösen Praxis des tibetischen Buddhismus den Thangkas große Bedeutung beigemessen. Traditionell werden die Motive, die dem umfangreichen Pantheon entstammen, mit pflanzlichen und mineralischen Farben auf Leinwand aufgetragen und das Bild in Seide eingefasst. Auch heute noch ist die Kunst der Thangka-Malerei lebendig, wie das moderne Beispiel aus Tibet zeigt.

Über Jahrhunderte hinweg kopierten die tibetischen Künstler treu indische Vorlagen. Seit dem 15. Jahrhundert jedoch glichen sich die einzelnen Stile immer mehr einander an, und es bildete sich jene Kunstform heraus, die als typisch tibetisch gilt. Aufgrund der geografischen Abgeschiedenheit einiger Regionen wurden die fremden Einflüsse jedoch sehr unterschiedlich aufgenommen und integriert. So schlug die Kunst in Ost-, Zentral- und Westtibet jeweils eigene Wege ein und brachte zahlreiche regional geprägte Stile hervor. Der Charakter der tibetischen Kunst ist also ein durchaus vielgestaltiger.

Erwachte und göttliche Wesen

Tibets eigene künstlerische Formen fanden ihren vortrefflichsten Ausdruck in der Malerei. Den Thangkas, das heißt den Rollbildern, wie auch den Wandmalereien liegen komplexe Bildkompositionen zugrunde. Der Tradition nach ist die Darstellung zweidimensional, ohne räumliche Tiefe, und die Figuren sind hierarchisch angeordnet. So wird die Zentralgestalt am größten dargestellt und die weniger dominierenden Figuren ihrem Rang gemäß entsprechend kleiner.

Die Ikonografie ist durch das tibetische Pantheon, das komplexeste der buddhistischen Welt, vorgegeben. Grundsätzlich gilt, dass sich in jedem Wesen des Pantheons ein Aspekt der Buddhanatur manifestiert. Unter den verschiedenen Buddhas nehmen die Vorzeitbuddhas Samantabhadra und Vajradhara, der Buddha Shakyamuni und die fünf transzendenten Buddhas zentrale Positionen ein. Sie lassen sich durch ihre Hand- und Sitzhaltungen sowie durch verschiedene Attribute und Farben identifizieren.

Die wichtigsten Bodhisattvas sind Avalokiteshvara, Manjushri und Vajrapani. Sie gelten als männliche Erleuchtungswesen und werden häufig als Dreiheit dargestellt. Avalokiteshvara verkörpert die Liebe und das Mitgefühl, Manjushri die Weisheit und Einsicht und Vajrapani den Willen und die Tatkraft. Im tibetischen Buddhismus gibt es auch weibliche Bodhisattvas. Besonders verehrt werden die grüne Tara und die weiße Tara. Sie unterstützen die Gläubigen in deren Streben nach Erlösung und beschützen sie vor Gefahren. Überdies kommt auch dem Bodhisattva Maitreya als künftigem Buddha große Bedeutung zu.

In der Meditation visualisiert der Gläubige Gottheiten bzw. Initiationsgottheiten. Diese so genannten Yidams gelten als Emanationen der fünf transzendenten Buddhas und erscheinen als friedfertige, grimmige oder rasend zornvolle Wesen. Abgesehen von Maitreya können alle Bodhisattvas die Funktion eines Yidam ausüben, und jeder einzelne Yidam vermag sich in mehreren Formen zu verkörpern. Der weibliche Gegenpol zu den männlichen Yidams sind die Dakinis. Yidams und Dakinis sind gleichwertige Partner und werden auch in inniger Vereinigung dargestellt. Manche Dakinis erscheinen auf der Erde, wo sie als Partnerinnen von Tantrikern oder als Zauberinnen wirken.

Einige Thangkas stellen Initationsgottheiten dar. Der Meditierende vergegenwärtigt sich den jeweiligen Yidam, der ihm zum spirituellen Führer wird. Ein Yidam kann als friedfertiges, grimmiges oder rasend zornvolles Wesen auftreten und wird auch in Vereinigung mit einer Dakini gezeigt. Das moderne Thangka stammt aus Tibet.

Gegenüber: *Im Mittelpunkt des Thangkas, im innersten Mandala-Kreis, sind die fünf transzendenten Buddhas dargestellt: Vairochana in der Mitte und die anderen vier Buddhas ihrer jeweiligen Himmelsrichtung entsprechend. Umgeben werden sie von den ihnen zugehörigen Bodhisattvas. Die drei Figuren über dem Mandala sind der Urbuddha Vajradhara in der Mitte, Vajrapani links und eine weiße Figur, die dem Vajrapani entspricht, aber nicht identifiziert ist. Der blaue stierköpfige Totengott Yama und seine Schwester Yami erscheinen unten links, während rechts der rote Kriegsgott zu sehen ist. In der Mitte sind Opfergaben und Musikinstrumente zu sehen. Tibet, 19. Jahrhundert München, Staatliches Museum für Völkerkunde*

Die größte Gruppe des tibetisch-buddhistischen Pantheons bilden die Mahakalas und Dharmapalas, die Schutzgottheiten der Lehre. Ihnen sind in den Klöstern eigene Kapellen sowie tägliche Rituale gewidmet. Während die Dharmapalas unterschiedlichen und zum Teil vorbuddhistischen Traditionen entstammen, werden die Mahakalas als Emanationen des Buddha Akshobhya angesehen. Ihre Hauptaufgabe besteht darin, den Meditierenden vor Hindernissen auf seinem Weg zu schützen. Auch leisten sie Verstorbenen Beistand und helfen Gläubigen in Lebensschwierigkeiten. Die Mahakalas und Dharmapalas erscheinen als dunkle, Furcht einflößende Gestalten. Häufig sind sie von Flammenaureolen umgeben, tragen Waffen in der Hand und auf dem Kopf eine Krone aus fünf kleinen Totenschädeln. Ein anderes wesentliches Kennzeichen ist ihr drittes Auge, ein Sinnbild für die Weisheit. Neben den genannten Wesen bewohnen auch Gottheiten für weltliche Angelegenheiten, die so genannten Lokapalas und Norlhas, und bedeutende Lamas und Schulstifter das Pantheon.

Paradieswelten und Mandalas

Ein zentrales Thema der Religion und Kunst des tibetischen Buddhismus sind die Paradieswelten in einem künftigen Leben, nach denen sich die Gläubigen sehnen. Neben den Paradiesen der transzendenten Buddhas kennen die Tibeter auch geheime irdische Paradiese. In Tibet selbst liegt die „Quelle der Freude“, das verborgene Paradies und mythische Königreich Shambhala, das im Volksglauben große Bedeutung erlangt hat. Auf Gemälden erscheinen die Paradiese als Orte des Friedens, der Fülle und Glückseligkeit, in deren zauberhafter Landschaft zahlreiche Tiere und himmlische Wesen heimisch sind. An zentraler Stelle thront der Herrscher des jeweiligen Paradieses. Fern davon, freie persönliche Erfindungen zu sein, gründen sich die Paradiesdarstellungen auf Beschreibungen in heiligen Texten, auf Visionen von Lamas und nicht zuletzt auf die Meditationserfahrungen des Künstlers.

Während in der Plastik zumeist einzelne Buddhas, Bodhisattvas oder göttliche Wesen dargestellt wurden, griff die Malerei die ganze Vielfalt des Pantheons auf und fing unzählige Buddhagestalten in einem Bild ein, sei es in Wandgemälden oder in Thangkas, die im übrigen auch gestickt oder in Applikationstechnik hergestellt wurden.

Zahlreichen Bildern liegt ein Mandala zugrunde. Das Mandala ist ein symmetrisches Diagramm, dessen Grundform sich aus einem Quadrat in einem Kreis oder in mehreren konzentrischen Kreisen und deren gemeinsamem Mittelpunkt zusammensetzt. Diese Form bildete schon in

*„Ein Jünger spricht von Buddha:
‚Ihn schaut mein Geist, als wenn mein Aug' ihn sähe,
Bei Nacht, bei Tag beständig ohn' Ermatten.
Ihm Ehrfurcht weihend harr' ich auf den Morgen.
Von ihm, das fühl' ich, kann ich mich nicht trennen.' "*

Indien und anderen buddhistischen Ländern den Grundriss einiger Tempel und Stupas. Ein berühmtes Beispiel ist der Borobudur in Java. Im tibetischen Buddhismus gewann das Mandala als Meditationsbild große Bedeutung.

Mandalas stellen die Ordnung des Kosmos dar und die Ordnung der seelisch-geistigen Struktur des Menschen, der am großen Kosmos teilhat. Zugleich verdeutlichen sie die Auffassung, dass Makro- und Mikrokosmos einander entsprechen und miteinander verbunden sind. Dem Meditierenden gibt ein Mandala jenen Weg vor, den er während der Meditation zu beschreiten hat, bis er im Zentrum des Mandala einem bestimmten Buddha oder einer Initiationsgottheit und damit dem wahren Wesen in seinem eigenen Inneren begegnet. Wie dem Gesamtaufbau des Mandala eine tiefe geistige Bedeutung innewohnt, so hat auch jeder einzelne Gestalt und Haltung, jedes Attribut und jede Farbe symbolischen Wert. Diese Bedeutung der Symbole können zwar bis zu einem gewissen Grad entschlüsselt werden, sein letztes Geheimnis enthüllt das Mandala jedoch einzig und allein dem Eingeweihten.

Von Visualisierungen eines Mandala abgesehen, werden Mandalas entweder gemalt oder aus Holz, Metall, Stein oder Sand gestaltet. Die Herstellung eines Sandmandala ist ein tagelanger, von vielen Ritualen begleiteter heiliger Prozess, an dem mehrere Mönche beteiligt sind. In der Atmosphäre tiefer Sammlung entsteht aus verschiedenfarbigem Sand ein vollkommenes Bild. Erleuchtete und göttliche Wesen werden gebeten, für die Dauer der Zeremonie in dem Mandala ihre Plätze einzunehmen. Am Ende wird der Sand des Mandala sorgsam zusammengewischt und in einen Fluss geschüttet oder verstreut. Denn in der Arbeit an dem Mandala und in dem begleitenden Ritual wird der Stufenweg zur Buddhaschaft nachvollzogen, der in seiner höchsten Vollendung keiner Hilfsmittel mehr bedarf.

Das Geschenk der Erleuchteten

Wie die Herstellung eines Sandmandala ist das gesamte künstlerische Schaffen des tibetischen Buddhismus ein heiliger Akt. Natürlich muss ein Künstler, der beispielsweise ein Thangka malt, mit der Lehre sowie mit der Ikonographie, den spezifischen Eigenschaften der einzelnen Figuren oder Symbole gut vertraut sein und ein gewisses technisches Können aufweisen. Doch diesen Aspekten übergeordnet ist seine eigene spirituelle Erfahrung und Verwurzelung, die bereichert werden kann durch die Unterstützung eines Lamas. Der meditative künstlerische Akt und eine abschließende Einweihungszeremonie verankern die Präsenz der

Erleuchteten und der Gottheiten in dem Gemälde oder der Skulptur.

Die Bildnisse werden nach genauen Vorschriften angefertigt, die über Jahrhunderte sorgfältig von Mensch zu Mensch tradiert worden sind. Der Künstler versteht sich als ein Glied in einer Überlieferungskette und bleibt als Werkzeug des Dharma anonym. Er muss sich exakt an die festgelegte Ikonografie halten, darf sich aber in der Gestaltung von Landschaften etwa durchaus künstlerische Freiheiten erlauben.

Während die religiösen Bildnisse für Laien Objekte der Anbetung und Verehrung sind, stellen sie für die Eingeweihten eine Möglichkeit dar, in unmittelbaren Kontakt mit Erleuchteten und Göttern zu treten und mit jenen Aspekten der Buddhanatur eins zu werden, die diese Wesen verkörpern.

Tsongkhapa (1357–1419) war einer der bedeutendsten Gelehrten des tibetischen Buddhismus. Er gründete die Schule der Gelugpa und auch die größten Klöster Tibets, wie Drepung, Sera und Ganden. Im Jahr 1415 schuf der große Meister mit seinen Schülern ein dreidimensionales Mandala aus Gold und Silber. Der Überlieferung zufolge haben sie die Statuen weder poliert noch geweiht, und trotzdem erstrahlten die Bildnisse in himmlischem Glanz. Denn von sich aus waren die Erleuchteten und die Gottheiten in dieses vollendete Werk eingegangen.

In den Herzen der Tibeter sind ihre Kunstwerke Zeichen der lebendigen Anwesenheit der Buddhas und Bodhisattvas und gleichzeitig eine besondere Gabe der Erleuchteten, die dem Betrachter hilft, seine eigene Buddhanatur zu schauen.

Das heilige und älteste Mantra des tibetischen Buddhismus „om mani padme hum", ist in die Steine eingraviert. Es nimmt Bezug auf das „Juwel im Lotos", den Erleuchtungsgeist, den die Buddhisten in sich zu verwirklichen suchen.

Links: *Neben großen Gebetsmühlen in den Tempeln gibt es kleinere Gebetsmühlen, die von Pilgern mit auf Reisen genommen werden. Im Inneren des Metallzylinders, der sich um einen Holzgriff dreht, befindet sich ein heiliger Text, der mit jeder Drehung der Gebetsmühle einmal „gelesen" wird.*

Rechts: *Gebetsfahnen, Mani-Steine und Gebetsmühlen sind Zeichen der Frömmigkeit. An allen heiligen Stätten, wie hier im Potala, hängen Gläubige Gebetsfahnen auf, deren Farben die fünf Elemente Raum, Wasser, Feuer, Luft und Erde symbolisieren, die wesentlichen Bestandteile allen Lebens.*

Anhang

Literaturauswahl

Nachschlagewerke

Erhard, Franz-Karl/Fischer-Schreiber, Ingrid: *Das Lexikon des Buddhismus – Grundbegriffe und Lehrsysteme*. München 1992.

Ehrhard, Franz-Karl/Fischer-Schreiber, Ingrid u. a.: *Lexikon der östlichen Weisheitslehren. Buddhismus – Hinduismus – Taoismus – Zen*. Bern, München Wien 1997.

Notz, Klaus-Josef: *Das Lexikon des Buddhismus A-Z. Grundbegriffe, Traditionen, Praxis*. 2 Bände. Freiburg i. Br. 1998.

Nyanatiloka, Bhikkhu: *Buddhistisches Wörterbuch. Kurzgefasstes Handbuch der buddhistischen Lehren und Begriffe in alphabetischer Anordnung*. Herrschrot 1999.

Einführungen in den Buddhismus

Berchert, Heinz: *Buddhismus, Staat und Gesellschaft in den Ländern des Therava-da-Buddhismus*. 3 Bde., Wiesbaden 1966-1973.

Berchert, Heinz/Gombrich, Richard (Hrsg.): *Der Buddhismus. Geschichte und Gegenwart*. München 2000.

von Brück, Michael: *Buddhismus. Grundlagen – Geschichte – Praxis*. Gütersloh 1998.

Conze, Edward: *Der Buddhismus*. Stuttgart 1995.

Gombrich, Richard: *Der Theravada-Buddhismus. Vom alten Indien bis zum modernen Sri Lanka*. Stuttgart 1997.

Höfer, András u. a.: *Die Religionen Südostasiens*. Stuttgart 1975.

Schneider, Ulrich: *Einführung in den Buddhismus*. Darmstadt 1980.

Schumann, Hans Wolfgang: *Buddhismus. Stifter, Schulen und Systeme*. München 1995.

Schumann, Hans Wolfgang: *Die großen Götter Indiens. Grundzüge von Hinduismus und Buddhismus*. München 1996.

Schumann, Hans Wolfgang: *Handbuch Buddhismus. Die zentralen Lehren: Ursprung und Gegenwart*. München 2000.

Zotz, Volker: *Geschichte der buddhistischen Philosophie*. Reinbek 1996.

Zum historisch fassbaren Buddha

Auboyer, Jeannine/Nou, Jean-Louis: *Buddha. Der Weg der Erleuchtung*. Freiburg, Basel, Wien 1982.

Klimkeit, Hans-Joachim: *Der Buddha. Leben und Lehre*. Stuttgart 1990.

Köppler, Paul H.: *Auf den Spuren des Buddha. Die schönsten Legenden aus seinem Leben*. Bern, München, Wien 2001.

Oldenburg, Hermann: *Buddha. Sein Leben, seine Lehre, seine Gemeinde*. Stuttgart 1959.

Schumann, Hans Wolfgang: *Der historische Buddha. Leben und Lehre des Gotama*. München 2004 (aktualisierte Neuausgabe).

Buddhistische Schriften

von Borsig, Margareta: *Lotos-Sūtra*. Gerlingen 1992.

von Brück, Michael: *Weisheit der Leere. Sūtra-Texte des indischen Māhayāna-Buddhismus*. Zürich 1989.

Golzio, Karl-Heinz: *Die makellose Wahrheit erschauen. Die Lehre von der höchsten Bewusstheit und absoluten Erkenntnis. Das Lankavatara-Sutra*. Bern, München 1996.

Köppler, Paul H.: *So spricht Buddha. Die schönsten und wichtigsten Lehrreden des Erwachten*. Frankfurt a. M. 2004.

Mehlig, Johannes: *Weisheit des alten Indien, Bd. 2: Buddhistische Texte*. München 1987.

Mylius, Klaus: *Die Vier Edlen Wahrheiten. Texte des ursprünglichen Buddhismus*. Dietzingen 1998.

Neumann, Karl Eugen: *Also sprach der Erhabene. Eine Auswahl aus den Reden Gotamo Buddhos*. Zürich, Stuttgart 1962.

Neumann, Karl Eugen: *Die Reden des Buddha. Mittlere Sammlung*. Stammbach-Herrnschrot 1995.

Neumann, Karl Eugen: *Die Reden des Buddha. Längere Sammlung*. Stammbach-Herrnschrot 1996.

Oldenburg, Hermann: *Die Reden des Buddha. Lehre, Verse, Erzählungen*. Freiburg, Basel, Wien 2000.

Kunst und Kultur

Auboyer, Jeannine/Beurdeley, Michel/Boisselier, Jean/Massonaud, Chantal/Rousset, Huguette : *Handbuch der Formen- und Stilkunde. Asien*. Stuttgart, Berlin, Köln, Mainz 1979.

Beyer, Klaus G./Mode, Heinz: *Altindische Skulpturen aus Mathura*. Hanau 1986.

Brauen, Martin: *Das Mandala. Der Heilige Kreis im tantrischen Buddhismus*. Köln 1992.

Delahoutre, Michel: *Indische Kunst. Ursprung und Entwicklung*. München 1996.

Eggebrecht, Arne und Eva (Hrsg.): *Versunkene Königreiche Indonesiens*. Mainz 1995.

Essen, Gerd-Wolfgang/Thingo, Tsering Tashi: *Die Götter des Himalaya. Buddhistische Kunst Tibets*. München 1989.

Frédéric, Louis: *Buddhismus. Götter, Bilder und Skulpturen*. Paris 2003.

Frédéric, Louis/Nou, Jean-Louis: *Borobudur*. München 1995.

Goepper, Roger: *Kunst und Kunsthandwerk Ostasiens. Ein Handbuch für Sammler und Liebhaber*. München 1978.

Goetz, Hermann: *Indien. Fünf Jahrtausende indischer Kunst*. Baden-Baden 1958 (Nachdruck 1974).

Griswold, Alexander B./Kim, Chewon/Pott, H. Pieter: *Burma. Korea. Tibet*. Baden-Baden 1963 (Nachdruck 1976).

Groslier, Bernard Philippe: *Hinterindien. Kunst im Schmelztiegel der Rassen*. Baden-Baden 1960 (Nachdruck 1974).

Härtel, Herbert/Yaldiz, Marianne: *Die Seidenstraße. Malereien und Plastiken aus buddhistischen Höhlentempeln*. Berlin 1987.

Höllmann, Thomas O./Bunz, Achim: *Burma*. München 1996.

Höllmann, Thomas O.: *Die Seidenstraße*. München 2004.

Kulturstiftung Ruhr-Essen (Hrsg.): *Korea. Die alten Königreiche*. München 1999.

Lauf, Detlef Ingo: *Das Erbe Tibets. Wesen und Deutung der buddhistischen Kunst von Tibet*. Bern 1972.

Marylin, M. Rhie/Thurman, Robert: *Weisheit und Liebe. 1000 Jahre Kunst des Tibetischen Buddhismus*. Köln 1996.

Mode, Heinz: *Die buddhistische Plastik auf Ceylon*. Leipzig 1963.

Museum für Ostasiatische Kunst Köln (Hrsg.): *Entdeckungen. Skulpturen der Khmer und Thai*. Stuttgart 1989.

Nou, Jean-Louis/Okada, Amina: *Ajanta. Frühbuddhistische Höhlentempel*. München 1993.

Oshegowa, Nina/Oshegow, Sergej: *Kunst in Burma*. Leipzig 1988.

Schumann, Hans Wolfgang: *Buddhistische Bilderwelt. Ein ikonographisches Handbuch des Māhayāna- und Tantrayāna-Buddhismus*. München 1997.

Schumann, Hans Wolfgang: *Buddhabildnisse. Ihre Symbolik und Geschichte*. Heidelberg/Leimen 2003.

Seckel, Dietrich: *Kunst des Buddhismus. Werden, Wanderung und Wandlung*. Baden-Baden 1961 (Nachdruck 1980).

Staatliches Museum für Völkerkunde (Hrsg.): *Kunst des Buddhismus entlang der Seidenstraße*. München 1992.

Swann, Peter C.: *Japan. Von der Jōmon- zur Tokugawa-Zeit*. Baden-Baden 1965 (Nachdruck 1974)

Uhlig, Helmut: *Tantrische Kunst des Buddhismus*. Berlin, Frankfurt, Wien 1981

Wiesner, Ulrich: *Buddhisten. Jainas. Hindus. Auf der Suche nach dem Gottesbild*. Wolfratshausen 2005.

Whitfield, Roderick/Otsuka, Seigo: *Dunhuang. Die Höhlen der klingenden Sande*. 2 Bde. München 1995.

Nachweis der Zitate

Quelle der Zitate: Oldenberg Hermann (Übers.): *Die Reden des Buddha. Lehre, Verse, Erzählungen*. Freiburg im Breisgau 2000. Die Zahl vor der Klammer verweist auf die Seite des vorliegenden Buches, die Zahl in der Klammer auf die Seite des Quellentextes.

28 (188-189), 32 (184), 38 (214), 41 (242-243), 46 (87), 50 (81), 54 (225), 56 (156), 62 (160), 86 (141), 94 (304), 100 (98), 108 (280), 116 (279-280), 120 (130, 171), 126 (126), 136 (154/204), 163 (148), 174 (214), 184 (212), 187 (84), 194 (288), 196 (310), 200 (207), 210 (304), 215 (304-305), 228 (285), 232 (235), 236 (383), 238 (80-81), 246 (314), 250 (58)

Glossar

abhaya-mudra Geste der Schutzverheißung, Geste der Furchtlosigkeit; Zeichen des Wohlwollens eines Buddha allen Wesen gegenüber

Adibuddha der zeitlich und räumlich unbegrenzte Urbuddha, der den „Körper der Wahrheit" (*dharmakaya*) repräsentiert. Im Mahayana wird Vairochana als Adibuddha verehrt, während im Vajrayana Samantabhadra und Vajradhara als Urbuddhas gelten.

Akshobhya einer der fünf transzendenten Buddhas. Der „Unerschütterliche" steht für den Sieg über die Leidenschaften und herrscht über das östliche Paradies der Freude, das Paradies Abhirati.

Amitabha, jap. Amida einer der fünf transzendenten Buddhas. Amitabha, der Buddha „von unermesslichem Glanz", herrscht über das westliche Paradies Sukhavati und steht in China und Japan in der Schule des Reinen Landes (chin. Tiantai, jap. Tendai) im Mittelpunkt der Verehrung.

Amoghasiddhi einer der fünf transzendenten Buddhas. Der Buddha „von unfehlbarer Zaubermacht" regiert das nördliche Weltviertel. Er repräsentiert die furchtlose Zielstrebigkeit und gilt den Gläubigen auch als Erfüller ihrer Wünsche.

Ananda einer der zehn bedeutendsten Schüler des Buddha Shakyamuni

Arhat, chin. Lohan Ideal des Theravada; ein Weiser oder Heiliger, der frei von allen Leidenschaften geworden ist, die höchste Stufe der Vollkommenheit erreicht hat und nach seinem körperlichen Tod in das Parinirvana eingehen wird.

asana der „Sitz"; in der buddhistischen Ikonografie die Körperhaltungen der Buddhas und der Bodhisattvas

Avalokiteshvara der „Herr, der herabschaut", „der die Klänge (Schreie) der Welt erhört" oder „der Klang, der die Welt erleuchtet"; ein wichtiger Bodhisattva des Mahayana und Vajrayana. Der für sein großes Erbarmen bekannte Bodhisattva hat verschiedene Verkörperungen und wird auch unter den Namen Lokeshvara (Südostasien), Guanyin (China), Kannon (Japan) und Chenresi (Tibet) verehrt.

bhumisparsha-mudra Geste der Erdanrufung; Symbol für den Sieg des Buddha Shakyamuni über die Versuchungen durch Mara und für seine Erleuchtung

Bodhibaum Da der Überlieferung zufolge der Buddha Shakyamuni unter einem Pappelfeigenbaum die Erleuchtung erlangt hat, wird dieser Baum als „Erleuchtungsbaum" bezeichnet. Der Bodhibaum gilt als heilig und gehört zu den wichtigsten buddhistischen Symbolen.

Bodhidharma indischer Mönch und Ahnherr des chinesischen Chan-Buddhismus

Bodhighara Baumheiligtum in Sri Lanka; ein nach oben hin offener Schrein, der um einen Bodhibaum herum gebaut wird.

Bodhisattva Ideal des Mahayana; ein „Erleuchtungswesen" voller Erbarmen, das sein Wirken in den Dienst anderer Wesen stellt und erst dann in das Parinirvana eintreten wird, wenn alle Wesen erlöst sein werden.

Budai in China verehrter dickbauchiger, lachender Buddha, der als eine Metamorphose des zukünftigen Buddha Maitreya gilt und in Japan unter dem Namen Hotei bekannt ist.

Chakravartin Weltenherrscher der indischen Kosmologie und Ehrentitel für den Buddha

Chan, jap. Zen etwa im 6./7. Jahrhundert n. Chr. in China entstandene buddhistische Meditationsschule, die auf den indischen Mönch Bodhidharma zurückgeführt wird und sich auch in Japan weit verbreitete. Ihr Name wurde aus dem Sanskrit-Wort *dhyana* („Meditation", „Versenkung") abgeleitet.

Dakini weibliche Gestalt des Vajrayana. Dakinis sind Initiationsgöttinnen sowie Partnerinnen der Yidams und werden häufig in inniger Vereinigung mit ihrem jeweiligen Partner dargestellt.

Dharma „das, was trägt" oder „das, was heilt"; zentraler Begriff des Buddhismus, der sowohl für die buddhistische Lehre als auch für das universelle Weltgesetz oder die kosmische Ordnung und die absolute Wahrheit steht sowie ethische Regeln impliziert.

dharmachakra-mudra Geste des Ingangsetzens der Lehre; Symbol für die erste Predigt des Buddha Shakyamuni im Gazellenpark in Sarnath

dharmakaya „Körper der Wahrheit". Der *dharmakaya* entspricht der Buddhanatur und der absoluten Wirklichkeit und Wahrheit.

dhyana-mudra Geste der Meditation. Diese Geste versinnbildlicht die Versenkung des Buddha Shakyamuni und deutet auf die zentrale Praxis des Buddhismus hin.

Dipamkara der „Träger des Lichts". Der Vorzeitbuddha Dipamkara gilt als der erste Buddha aller Zeiten, der den Menschen das Licht des Dharma übermittelt hat.

Edler Achtfacher Pfad ein Grundkonzept des Buddhismus, das in der letzten der „Vier Edlen Wahrheiten" dargelegt ist, nämlich in der „Edlen Wahrheit vom Weg zur Überwindung des Leidens". Die Glieder des Edlen Achtfachen Pfades sind die rechte Anschauung, der rechte Entschluss, die rechte Rede, das rechte Handeln, die rechte Lebensführung, die rechte Anstrengung, die rechte Achtsamkeit und die rechte Sammlung.

Gandhara eine Region im Nordwesten des alten Indiens, die heute teilweise zu Pakistan und teilweise zu Afghanistan gehört. In der berühmten Kunstschule von Gandhara wurden ab dem 1. Jahrhundert n. Chr. erste anthropomorphe Buddhabildnisse angefertigt.

Jataka Die 547 „Geburtsgeschichten" berichten über die verschiedenen Leben des Buddha Shakyamuni vor seiner letzten irdischen Existenz.

Lokeshvara der „Herr der Welt"; in Südostasien vorkommender Name für Avalokiteshvara

Lotos ein Hauptsymbol des Buddhismus. Die Lotosblüte steht für die Reinheit und das innerste, unbefleckte Wesen des Menschen. In der Ikonografie ist die Lotosblüte, bzw. der Lotosthron ein Thronsitz des Buddha.

Lotos-Sutra ein bedeutsames Mahayana-Sutra und der Haupttext der chinesischen Tiantai- bzw. der japanischen Tendai-Schule sowie der japanischen Nichiren-Schule

Löwenthron Thronsitz des Buddha Shakyamuni. Der Löwe symbolisiert den Herrscher und die Macht der buddhistischen Lehre.

Lumbini Geburtsort des Buddha, das heutige Rummindei in Nepal. Lumbini gehört mit Sarnath, Bodh-Gaya und Kushinagara zu den vier heiligen Orten des Buddhismus.

Madhyamika-Schule die von Nagarjuna (2./3. Jh.) gegründete Mahayana-Schulrichtung des „Mittleren Weges"

Mahayana „Großes Fahrzeug"; eine Schulrichtung des Buddhismus, die im 1. Jahrhundert n. Chr. entstanden ist und die Erlösung aller Wesen anstrebt.

Maitreya der „Liebevolle" oder „Gütige"; der künftige Buddha, der in ferner Zeit auf der Erde erscheinen wird.

Mandala bildliche Darstellung, welche die Ordnung des Kosmos sowie die Ordnung der psychisch-geistigen Struktur des Menschen repräsentiert und im Vajrayana als Meditationsbild dient.

Manjushri im Vajrayana bedeutsamer Bodhisattva, der die Weisheit und die Einsicht verkörpert.

Mara Herrscher über die Begierden, Verkörperung des Todes, des Bösen und aller Hindernisse auf dem Weg zur Erleuchtung

Mathura Stadt im Südosten von Delhi. In der berühmten Kunstschule von Mathura entstanden ab dem 1. Jahrhundert n. Chr., etwa zeitgleich zu Gandhara, die ersten Skulpturen, die den historisch fassbaren Buddha in menschlicher Gestalt zeigten.

Miruk koreanische Bezeichnung für Maitreya

Mondstein Reliefkunst Sri Lankas. Die mit Motiven aus der Tier- und Pflanzenwelt geschmückten und am Fuß der Tempeltreppen angebrachten Steine markieren den Übergang von der profanen zur sakralen Welt.

Muchalinda Schlangenkönig, der einer Legende zufolge einst den meditierenden Buddha Shakyamuni vor Wind und Wetter beschützte, indem er sich um ihn wand und seinen Kobrakopf über ihm ausbreitete.

mudra „Siegel", „Zeichen"; Handhaltungen mit symbolischen Bedeutungen, die in der buddhistischen Ikonografie wesentlich sind und auch in der Praxis einiger buddhistischer Traditionen gebraucht werden.

Naga „Schlange"; Schutzgottheiten des indischen Volksglaubens, die vom Buddhismus übernommen wurden.

Nagarjuna bedeutender indischer Philosoph des Mahayana im 2./3. Jahrhundert, der die Madhyamika-Schule gründete.

Nalanda im 2. Jahrhundert n. Chr. gegründete buddhistische Klosteruniversität und wichtiges Zentrum der Gelehrsamkeit in Nordindien

Nat Natur- und Schutzgottheiten des Volksglaubens in Myanmar, die in den Buddhismus Myanmars integriert wurden.

nirmanakaya „Körper der Verwandlung"; die menschliche Gestalt, bzw. der irdische Körper, den ein Buddha annimmt.

Nirvana das „Verlöschen"; Ziel der Buddhisten, ein Zustand des Friedens und der Befreiung, in dem jegliches Begehren und die Unwissenheit verlöscht sind, also jene Kräfte, die einen Menschen an den Kreislauf der Wiedergeburten binden

Pagode aus dem Stupa entwickeltes Heiligtum in China, Japan und Korea

Pali-Kanon s. *Tripitaka*

Parinirvana das „völlige Verlöschen"; der Zustand des Nirvana nach dem körperlichen Tod

Rad der Lehre (*dharmachakra*) zentrales Symbol des Buddhismus, Sinnbild für die buddhistische Lehre. In der buddhistischen Kunst erscheint das Rad der Lehre häufig mit acht Speichen, die für die Glieder des Edlen Achtfachen Pfades stehen.

Ratnasambhava der „mit dem Juwel geborene"; einer der fünf transzendenten Buddhas. Ratnasambhava herrscht über das südliche Weltviertel. Sein Charakteristikum ist die Freigebigkeit, sein Emblem der Edelstein, mit dem er Menschen aus materieller Not befreit.

Samantabhadra „der allumfassend Gute"; in einer Tradition des Vajrayana der Adibuddha und Symbol des *dharmakaya*, im Mahayana ein bedeutender Bodhisattva

sambhogakaya „Körper der Seligkeit"; eine feinstoffliche Ebene des Seins, der die fünf transzendenten Buddhas zugeordnet sind.

samsara die „Wanderung"; der Kreislauf von Geburt, Tod und Wiedergeburt, in dem alle Wesen gefangen sind, bis sie die Erlösung erlangen und das Nirvana erreichen.

Sanchi Stadt in Indien, wo ab dem 2. Jahrhundert v. Chr. Stupas errichtet wurden, die zu den ältesten Heiligtümern des Buddhismus zählen und Zeugnis von der damaligen Architektur und Reliefkunst ablegen.

Sangha Bezeichnung für die buddhistische Gemeinde, zu der die Mönche und Nonnen gehören und im weiteren Sinne ebenfalls die Laiengläubigen.

Sukhavati das „Glückvolle"; das westliche Paradies des transzendenten Buddha Amitabha, das auch als das Reine Land bekannt ist. Jeder, der in diesem Paradies wiedergeboren wird, tritt in seinem folgenden Leben direkt in das Nirvana ein.

Sutra der „Leitfaden"; die Lehrreden des Buddha Shakyamuni, die im zweiten „Korb" des Pali-Kanons gesammelt sind.

Stupa buddhistisches Denk- und Grabmal, das Reliquien des Buddha Shakyamuni oder bedeutender buddhistischer Heiliger birgt und eine wichtige Stätte der Verehrung ist. Anstatt Reliquien können Stupas auch Gebrauchsgegenstände eines Verstorbenen oder heilige Texte enthalten.

Theravada die „Lehre der Älteren"; eine im 3. Jahrhundert v. Chr. gegründete buddhistische Tradition, die sich als die authentische Fortführung der Lehren des historisch fassbaren Buddha versteht und von den Anhängern des Mahayana mit dem Begriff „Hinayana", „Kleines Fahrzeug", bezeichnet wurde, da sie die Erlösung des Einzelwesens zum Ziel hat.

transzendente Buddhas, fünf auch Dhyani-Buddhas (Meditationsbuddhas), Jinas oder Tathagatas; Buddhas der Raumgegenden, d. h. der vier Himmelsrichtungen und der Mitte. Die fünf transzendenten Buddhas sind Vairochana, Akshobhya, Amitabha, Ratnasambhava und Amoghasiddhi.

trikaya die „drei Körper" *dharmakaya, sambhogakaya* und *nirmanakaya* der Lehre des Mahayana, die der Buddha Shakyamuni in sich vereint.

Tripitaka die „drei Körbe"; Bezeichnung für den Pali-Kanon, die älteste komplett überlieferte Textsammlung des frühen Theravada-Buddhismus, die im 1. Jahrhundert v. Chr. in Sri Lanka schriftlich kodifiziert wurde. Der erste Korb des Pali-Kanons umfasst die Regeln der Ordensdisziplin sowie historisches Material zum Buddha (*vinaya*), der zweite die Lehrreden des Buddha (*sutra*) und der dritte die systematisierte und scholastisch weiterentwickelte Lehre (*abhidharma*).

triratna der Buddha, der Dharma und der Sangha als die „drei Juwelen" des Buddhismus, zu denen Gläubige ihre Zuflucht nehmen.

Vairochana der „Strahlende"; derjenige transzendente Buddha, der die vier anderen transzendenten Buddhas in der Meditation hervorgebracht hat. Vairochana zeichnet sich durch seinen unbefleckten Geist aus. Seine Embleme sind das Rad der Lehre und die Sonnenscheibe. Er wurde auch als Adibuddha aufgefasst und als solcher Mahavairochana genannt.

Vajra das „Diamantzepter"; das Hauptsymbol des Vajrayana. Der Vajra symbolisiert die unzerstörbare und reine Buddhanatur und versinnbildlicht die Macht des Geistes über die Leidenschaften sowie die Macht des Wissens über die Unwissenheit.

Vajradhara der „Träger des Vajra" gilt in einer Tradition des Vajrayana als Adibuddha.

Vajrapani im Vajrayana bedeutsamer Bodhisattva, der den Willen und die Tatkraft verkörpert.

Vajrayana „Fahrzeug des Diamantzepters"; die dritte Hauptströmung des Buddhismus, die sich in Indien ab dem 3. Jahrhundert n. Chr. aus dem Mahayana herausbildete.

varada-mudra Geste der Wunschgewährung, die sowohl das Empfangen wie auch ein Geschenk symbolisiert.

Vier Edle Wahrheiten eine wesentliche Grundlage der buddhistischen Lehre, die der Buddha Shakyamuni in seiner ersten Predigt in Sarnath dargelegt hat. Die Vier Edlen Wahrheiten umfassen die „Edle Wahrheit vom Leiden", die „Edle Wahrheit von der Leidensursache", die „Edle Wahrheit von der Überwindung des Leidens" und die „Edle Wahrheit vom Weg zur Überwindung des Leidens", die den Edlen Achtfachen Pfad beschreibt.

vitarka-mudra Geste der Darlegung der Lehre, die an die Lehrtätigkeit des Buddha Shakyamuni erinnert.

Yaksha götterähnliches Wesen des Hinduismus und des Buddhismus

Yidam männliche Gottheit oder Initiationsgottheit des tibetischen Buddhismus. Yidams gelten als Emanationen der fünf transzendenten Buddhas und können als friedfertige, grimmige oder rasend zornvolle Wesen erscheinen.

Index

Abbildungen

AKG, Berlin: 36, 39, 41, 46 u, 48; Achim Bunz, München: 4/5, 58/59, 163, 164/165, 168/169, 170/171, 172/173, 186, 187, 188/189; Dr. Klaus A. Dietsch, München: 1, 3, 85, 200, 213, 214, 215, 225; Langen Foundation, 89, 91, 185; Staatliches Museum für Völkerkunde, München: 84, 92, 249; Otto Schorr, München: 49, 106, 107, 108, 109, 111, 112, 113, 114, 115, 117, 118, 119, 125; Fujii Seiseikai Yurinkan Museum, Kyoto: 86; Prof. Dr. Peter Thiele, Stuttgart: 6/7, 10, 12, 13, 14, 15, 18, 19, 22/23, 24/25, 28, 30 o, 31, 42, 46 o, 47, 50, 54, 55, 56, 57, 61, 63, 72/73, 90, 148, 149, 150/151, 153, 155, 156/157, 158, 159, 160, 161, 162, 166, 167, 174, 175, 176, 178, 179, 180, 181, 182, 183, 191, 201, 202, 203, 206, 207, 208, 209, 211, 212, 217, 218, 220/221, 222, 226, 227, 229, 231, 233, 234, 237, 238, 243, 245, 246, 247, 251; Eberhard Thiem, Kaufbeuren: 16/17, 20, 21, 26, 27, 29, 30 u, 32, 33, 34/35, 37, 38, 43, 45, 51, 53, 60, 64/65, 66/67, 68/69, 70/71, 74/75, 76/77, 78/79, 80/81, 82/83, 87, 93, 94, 95, 97, 98, 99, 101, 102, 104, 105, 120, 121, 122, 123, 124, 127, 128, 129, 130, 131, 133, 134/135, 136, 137, 138, 139, 140/141, 142, 143, 144/145, 146, 147, 177, 192, 193, 194, 195, 197, 198, 199, 204, 223, 224, 239, 241.